黄金游戏（三）

——交易靠自己

占豪 著

上海财经大学出版社

图书在版编目(CIP)数据

黄金游戏(三):交易靠自己/占豪著．一上海:上海财经大学出版社,2009.9

ISBN 978-7-5642-0494-5/F·0494

Ⅰ.黄…　Ⅱ.占…　Ⅲ.股票-证券投资-基本知识-中国　Ⅳ.F832.51

中国版本图书馆 CIP 数据核字(2009)第 176125 号

□策　　划　袁　敏
　　　　　　刘　兵
□责任编辑　温　涌
□封面设计　钱宇辰
□封面创意　孟皓博
□版式设计　孙国义

HUANGJIN YOUXI

黄　金　游　戏(三)

——交易靠自己

占　豪　著

上海财经大学出版社出版发行
(上海市中山北一路 369 号　邮编 200083)
网　　址:http//www.sufep.com
电子邮箱:webmaster@sufep.com
全国新华书店经销
上海华业装璜印刷厂有限公司印刷装订
2009 年 9 月第 1 版　2024 年 11 月第 43 次印刷

787mm×1092mm　1/16　13.5 印张(插页:2)　200 千字
印数:168 501—169 500　定价:29.00 元

序

“黄金游戏”系列的前两本——《黄金游戏(一)——从A股获利》和《黄金游戏(二)——熊市能赚钱》——一经推出，受到读者如此广泛的认同和欢迎，既出乎预料，也在情理之中。出乎预料是因为与其他商业类书籍相比，“黄金游戏”系列在没有太多宣传的情况下，自出版至今，在财经类书籍中能够持续稳居畅销榜前三位；情理之中则因为这套书里的每一章、每一节、每一段，乃至每一个字，都是笔者认真思考、辛苦爬格子，再由厨娘把关润色，最后经过笔者修改调整的结果。用很多出版界人士的话说：“像占豪这样认真写书的人现在已经不多见”，这句话笔者自以为当之无愧。

股场游戏十多年，相关股票类的书籍不知读了多少。偏技术层面的、偏心理层面的、偏庄家层面的、偏政策层面的……在这些名目繁多的书籍中，有水平的技术书多数是以美国股市为背景，其中很多东西用在A股当中并不适合；对政策面的论述比较有水准的因为不太懂技术，无法清楚剖析政策取向到底会如何影响市场；注重心理层面的书籍通常更接近心理分析，与股市的实战相距甚远；那些对于庄家内幕进行披露的书，更像是武侠小说……这样的书籍很容易会对投资者产生方向性的误导，致使投资者需要走很多弯路、付出高昂的代价才能回到正确的轨道。当然，这只是指一部分懂得不断地吸取教训、积累经验的投资者，更多的投资者通常是还没有明白股市是怎么回事，就彻底被市场吞噬。

笔者通过研读大量书籍，并经过长期操盘实践，逐渐形成了一套建立在技术面、基本面、政策面、资金面和心理面上的分析系统，并在这个分析系统上建立了一套自己的具有实践意义的操盘模式。把多年的积累变成文字，撰写一套适合中国资本市场、对投资者而言具有实践意义的理论体系丛书，是笔者一直希望做的事情。让一套具有中国资本市场特色的操盘分析系列书籍长期摆放在中国投资者的理财书架上，是笔者一直以来的一个梦想。

古人有三不朽：一曰立德，二曰立功，三曰立言。立德是做人之根本，每一个人都应该努力做到；立功不敢奢求，即便有志，未必每个人都有那样的机遇；立言，则是可以通过自身的努力独立完成的。“黄金游戏”系列还将继续，其价值同样需要时间的验证。无论如何，在笔者心里，这都是一个神圣的过程。对笔者来说，无论是“黄金游戏”系列，还是“占豪博客”，其实际意义都在于它们是笔者诉说的平台。它们记载着笔者投资过程的轨迹与心得，笔者也希望借此平台与有缘人分享。

《黄金游戏（三）——交易靠自己》依然以通俗性、价值性、系统性、现实性、实战性为纲要。笔者之所以将“交易靠自己”作为这本书的副标题，是想告诉读者：“交易是自己的，当然要依靠自己的智慧。交易的得失与他人无关，只与自己的钱袋有关。”因此，一个投机者想要成功，其前提就是独立思考，独立承担账户责任和得失。既然选择了这种博弈游戏，就要担当得起输赢。赢，知道自己为什么赢；输，清楚自己为什么输。经得起输赢，看得惯得失，并从中发现超越金钱本身的价值，这就是真正的“黄金游戏”。

《黄金游戏（三）——交易靠自己》在前两本的基础上，加入了哲学思考，这可能是其他股票类书籍中都没有的，这也是笔者反复梳理自己思维的结果。之所以加入哲学思考，是因为包括股市在内的所有事物都蕴藏着同样的哲理。作为一名投机者，站得高才能看得远，只有思想达到一定的高度，才能有更好的作为。

与此同时，《黄金游戏（三）——交易靠自己》还增加了逻辑推理的内容，这在股票类书籍中应该是一个创举，这同样是笔者多年总结得出的经验。之所以融入逻辑推理，是因为股市的判断是基于多方面的综合判断，只有把更多的重要元素融合在一起并加以分析判断，由此得出的结果才更接近未来的真正走势。

《黄金游戏（三）——交易靠自己》还增加了一些类似“项目流程”的操作模块，这在其他股票类书籍中同样难以看到，这是笔者在借鉴项目运作的操作模式。这种类似“项目流程”的模块，更有利于读者理清头绪、借鉴操作。

在已经出版的“黄金游戏”系列中，《黄金游戏（一）——从A股获利》是以建立投资大框架为主，其内容主要包括心态、理念及技术的逻辑关系，股票技术的根本原理以及一些实战技术。《黄金游戏（二）——熊市能赚钱》更注重实战技术的运用，特别是对趋势技术和熊市实战技术的运用。而《黄金游戏（三）——交易靠自己》则是基于哲学思考、逻辑推理和流程操作判断的操作系统延伸，同时更注重对买入机会的把握。这三本书之间具有极强的连贯性，每一本书的实战技术都是“黄金游戏操作系统”的延伸。

最后，特别感谢上海财经大学出版社副总编黄磊先生和负责本书编辑工作的温涌小姐的认真与支持。最后，由衷感谢厨娘为“黄金游戏”系列所做的一切。可以这样说，没有厨娘的理解与付出，“黄金游戏”系列就不会如此精彩地走到现在。

占　豪

2009年9月29日

录

目 录

第二篇　底部买入方法

第三篇　波段买入方法

第一篇　黄金一二三

第一章 知“己”第一

第一节 “我”是谁

兵法云:“知己知彼,百战不殆;不知彼而知己,一胜一负;不知彼,不知己,每战必殆”(出自《孙子兵法·谋攻篇》)。这句话的含义毋庸讳言,万事莫不如此。做任何一件事情,只有知己知彼,方能百战百胜。炒股也不例外。只有了解自己、了解市场,并根据行情的发展不断地应变,才能实现“百战不殆”,实现“好行情超额盈利,差行情避免亏损”。

从“知己知彼”的顺序上,我们可以看出,“知己”在前,“知彼”在后。这里有两层含义。(1)“知己”比“知彼”更重要,“知己”是获胜的前提。换句话说,知彼而不知己,依然难以获胜。这就需要有“自知之明”,不要“不自量力”。《孙子兵法》中只提到“不知彼而知己”和“不知彼,不知己”,却未提到“不知己,知彼”,就是告诉我们,如果不知己,即使知彼也没有用。(2)知己比知彼更难,我们了解外界很容易,却很难了解自己。这正是“不识庐山真面目,只缘身在此山中”。自己对于自己来说,又岂止是“身在此山中”,因为自己本来就是“此山”,“此山”要识“此山”,难矣!举一个最简单的例子，自己的眼睛在不借助外部的情况下，根本就看不到自己。这就是下面所述“本我”与“象我”之间的关系，“象我”亦即“眼睛”的外在借助。

成龙演过一部电影叫《我是谁》。剧中的男主角因飞机失事受了重伤，被非洲当地土著人所救幸免于难，却失去了记忆。由于记忆丧失，他经常问“我是谁”，土著人因此称他为“我是谁”。影片中的主人翁因为失去记忆，所以不知道自己是谁。换句话说，他失去了自己在世界上的定位，不知道自己属于哪里，不知道自己的过去，不了解自己的未来；总之，自己的一切都是未知数，所以他不知道自己是谁，所以他问“我是谁”。

根据上面的推理，如果我们不失去记忆，我们就应该知道自己是谁。我们是父母的孩子，是同事的同事，是公司的员工，是社区的住户，是俱乐部的会员，是朋友的朋友，是某个名字的主人……每个人都认定自己就是自己，因为有这么多特定的角色属于我们，所以我们知道自己是谁。

真是这样的吗？仔细琢磨上面的文字就会发现，认识自己必须通过一个介质。比如说，如果没有父母作为介质，你是谁的孩子？如果没有同事作为介质，你是谁的同事？如果没有名字这个代号作为介质，你又是谁……

从哲学上说，“我是谁”、“存在”都是高深的课题，自始至终都没有统一的答案；从某种意义上说，哲学研究的是真理。但是，通过阅读各种哲学书籍，我们就会发现：哲学、宗教追根溯源会统一在一起，不分彼此。毛主席曾经说过：“马克思主义也是一种宗教。”比如说，西方哲学的最高真理就是“上帝”，它们讨论的是：上帝创造了一切，一切为上帝创造，上帝决定一切……反正都是“上帝”，没有“我”什么事。当然，在西方思想中，马克思的哲学与海德格尔的哲学走的又是另一条路，与起源于古希腊的传统西方哲学不同，这里不做详细分解。以中国为首的东方哲学的根源是“有”，一切都是从“无”到“有”。《易经》是中国文化乃至东方文化的起源，它的根本理念在于“无极”，无极即是“无”；从“无”到“有”为“太极”，“太极”即混沌；混沌最终被分为“阴阳”，即“太极”生“两仪”，“两仪”生“四象”，“四象”生“八卦”，“八卦”生“万物”。连起来就是：无极生太极，太极生两仪，两仪生四象，四象生八卦，八卦生万物。《老子》中的“一生二，二生三，三生万物”亦是这个道理。佛教的哲学最终就是空，万物皆空，“空”就是“无”，即从“有”到“无”。

这三种哲学思想代表着世界上最先进的三类文明，孰优孰劣，众说纷纭，各执一词。但有一点，个人认为是这样的：西方哲学是近代发展最快的哲学，这是文艺复兴时期播下的种子，也使得西方文明爆发式地发展几百年。以中国为首的东方文明之没落起源于元朝，游牧部族改变了当时社会发展的轨迹。中国历史发展到明朝虽有所恢复，且有郑和下西洋向外发展的契机，但最终随着郑和老去及政治原因，使得走出去的步伐戛然而止。中华民族盛极而衰，失去与外界产生联系的最后机会。到了清朝，又是闭关锁国，中国最终走向没落亦成为必然。但是，中国文化的历史渊源远比欧洲早得多，也先进得多，虽然经历了上百年的耻辱，中华民族还是顽强地站了起来；中国东方文明之博大绝非西方文明可比，否则四大文明古国缘何只剩下中华民族依然屹立于世界而不倒？个人以为：佛教无论从哲学还是文化上来说，都最为高深，它的从“有”到“无”，何尝不是人类发展的潮流？全球化就是从“有”到“无”（当前的“全球化”，其实是一个西方唯我独尊的“鬼把戏”概念。其根本原则是，对己有利则“全球化”，对己不利则进行自我保护。与之应对的策略就是，双方都有利则互相“鬼把戏”，对我不利则不与之“鬼把戏”）。最重要的是，在不同种文化与思想互相抵制、攻击、侵略的同时，佛教却可以与世无争地存在于它们之上，这从某种意义上来说是一种证明。

另外，还有一个很有意思的现象。道家的终极目标为修炼成仙，就是以当下的“我”来修炼，最终实现“成仙”的效果；儒家以“我”行“圣人之道”来实现“人不愠”的世界，最终世界“不愠”而自己成为“圣人”；佛教释家则是以牺牲“我”来成就世界，最终“成佛”。这三家都有“我”。唯独西方哲学中一切皆为上帝，死了要么上天堂，要么下地狱；但无论如何，“我”都是依附于上帝，上帝就是真理。

再回来说“我”。从哲学上来说，“我”其实包括“本我”与“象我”。“本我”是“我”的本身，是我们看得见摸得着的“我”；“象我”

则是一个虚拟的"我"，是《论语》中"每日三省吾身"的主语。再说明白一点，"象我"就是"本我"的对立面。"本我"走出自身之外来审视"本我"，这就是"象我"。黑格尔对其的定义是"双重自我意识"。我们不妨参阅黑格尔对此的诠释（下面的文字摘自著名的德国唯心主义哲学家黑格尔的《精神现象学》）：

有另一个自我意识与自我意识对立；它走到它自身之外。这具有双重的意义，第一，它失去了它自身，因为它发现它自身是另外一个东西；第二，它因而扬弃了那另外的东西，因为它也看见对方没有真实的存在，反而在对方中看见了它自身。

它必定要扬弃它的这个对方；这个过程是对于第一个意义的扬弃，因而它本身就具有第二个意义。第一，它必须扬弃那另外一个独立的存在，以便确立和确信它自己的存在；第二，由此它便进而扬弃它自身，因为这个对方就是它本身。

这个对于它的双重意义的对方之双重意义的扬弃，同样是一种双重意义地归返到自己本身。第一，因为通过扬弃，它得以归返自身，因为通过扬弃它的对方，它又自己同自己统一了；第二，但是，它也让对方同样地归返到对方的自我意识，因为在对方中它是它自己，在扬弃对方时，它也扬弃了它自己在对方中的存在，因而让对方又得到自由。

但是，自我意识与另一个自我意识相关联的这种运动，在刚才这种方式下是被表象为一个自我意识的活动；不过，一方面的活动本身即具有双重意义，它自己的活动也同样是对方的活动。因为对方同样是独立的，封闭在自身之内的，在对方里，没有什么东西不是通过它自己而存在。那第一个自我意识所遇到的对象，并不仅仅是被动的像欲望的对象那样，乃是一个自为地存在着的独立的对象。因此，对于这样一个对象，如果这对象自身不做它（前者）对它所做的事，则它对它的对象再也不能为所欲为。所以，这个运动纯属两个自我意识的双重运动。每一方看见对方做为它所做的同样的事。

每一方做对方要它做的事，因而也就做对方所做的事，而这也只是因为对方在做同样的事。单方面的行动是不会有什么用处的，因为事情的发生只有通过双方面才会促成。

因此，行动之所以具有双重意义，不仅是因为一个行动既是对自己的也是对对方的，同时也因为一方的行动与对方的行动是分不开的。

黑格尔的这段文字不好理解，用我们容易理解的话说就是："本我"与"象我"既是独立的也是统一的。说独立，是因为它们可以有不同的思维与审视；说统一，是因为最终行动与思想必然统一到一个结果上。

举一个简单的例子。做一件事情，可能"情感"会告诉你应该这么做，"理智"会告诉你应该那么做（这里的"情感"和"理智"只是代指"本我"与"象我"，并不特指情感及理智），但最终只能选择一种方式来处理，不可能同时有两种方式在进行。《论语》中的"每日三省吾身"就是以"象我"来审视"本我"，"象我"以"圣人之道"要求自己，然后通过"象我"，再以"圣人之道"来要求"本我"，最终达到"本我"与"象我"的统一而行"圣人之道"。

从某种意义上说，以"象我"之"我"来客观地、公平地、不带有任何感情色彩地审视"本我"之"我"，就会发现自我。而发现自我，就能从某种程度上认识自我，认识自我就能实现某种意义上的知"我"。当然，这种认识只是相对意义上的认识，这个世界中没有绝对意义上的认识。世界每时每刻都在运动中，"我"也是在运动中，所以，我的"认识"只是当时"认识"的象。

例如，当你看到一粒豆子，你会说："这是一粒豆子"，这就是一条真理。但是，这条真理会随着时间的改变而改变。当这粒豆子被种下，发芽生根，长出豆苗，如果还以"这是一粒豆子"作为当下的真理，就成了一条"谬论"。这是因为时间的变化。同样，世界也会随着时间、空间的变化而变化[《黄金游戏（一）——从 A 股获利》中，股票的交换价值会因为时间和空间的变化而变化，在这里被验证]。股市亦是如此。股市里有没有"真理"、有没有所谓"制胜绝招"，也就一目了然。股市是动态的，我们必须以动态的目光去审视它，然后通过综合性的判断去"再认识"它。这就是股市的认识之道，也是"我"的认识之道。

既然一切都是相对的，那么对于"我"的认识也是相对的。同样，做股票也要从认识"我"开始。只有以"知己"为前提，方能实现

“知己知彼，百战不殆”，才能在股市游戏中游刃有余。

最后，用老子的一句话诠释本节：“知人者智，自知者明。胜人者有力，自胜者强。”智之于外，之于表，之于显意识，知彼而不知己，局限性与片面性强；明之于内，之于潜，之于本质认识，无限性和客观全面性强，是为“道”。

第二节　认识自我

自我认识包括很多方面，而对于股票市场中的投机者来说，则主要包括性格、兴趣、价值观、智力与能力、心理与身体的承受力、人生所处的阶段、个人的长处与短处等。当然，还有一个很重要也最常被忽略的方面，那就是品德。

笔者以为，德是一个人能否成功的最关键因素。有才无德为奸，有德无才为君子，德才兼备为圣人。司马光在《资治通鉴·周纪卷一》中描述得很清楚：“是故才德全尽谓之圣人，才德兼亡谓之愚人，德胜才谓之君子，才胜德谓之小人”(《道德经》原是分上下两篇，原文上篇为《德经》，下篇为《道经》；后改为《道经》在前，《德经》在后，并分为 81 章。个人认为，这不但混淆文章的含义，还有违“德为道首”的核心含义)。之所以如此，皆取有德方能得道之意。

股市亦然。笔者以为：只有有德者才能得股场之道，才能在股场活得持久。例如，有些庄家虽然兴一时之浪，但因为无德而过于贪婪，逆势而为，最终或身首异处，或身陷囹圄，或他乡漂泊，有家不可归……不一而足。德者得天下，此为真理。

综上所述，个人认为，投资者要做好市场投机，必须对自身有如下六点认识：

一、自我性格的认识

何谓性格？性格是一种与社会最密切相关的人格特征，在性格中，包含有许多社会道德含义。性格表现了人们对现实和周围世界的态度，并表现在他的行为举止中。性格主要体现在对自己、对别人、对事物的态度和言行上。所谓态度，是个体对社会、对自己和对他人的一种心理倾向，它包括对事物的评价、喜恶和趋避等方面。态度则表现在人的行为方式中。

性格形成的影响因素包括先天的和后天的，其中，后天因素的影响更大。例如，某些先天的性格弱点可以通过后天因素人为地去克服，某些健康、向上的性格也可以通过后天养成。性格与价值观、人生观、世界观相互影响，相互作用。

心理学家们曾经以各自的标准和原则，对性格类型进行了分类，下面是几种具有代表性的观点：

1. 从心理机能上划分，性格可分为理智型、情感型和意志型。

2. 从心理活动倾向性上划分，性格可分为内倾型和外倾型。

3. 从个体独立性上划分，性格可分为独立型、顺从型、反抗型。

4. 斯普兰格根据人们不同的价值观，把人的性格分为理论型、经济型、权力型、社会型、审美型、宗教型。

5. 海伦·帕玛根据人们不同的核心价值观和注意力焦点以及行为习惯的不同，把人的性格分为九种，称为九型性格，具体包括完美型、助人型、成就型、艺术型、理智型、疑惑型、活跃型、领袖型、和平型。

在这些不同分类的性格类型中，笔者以为，第 1 种观点和第 3 种观点比较适用于股市性格的分类。

先说第 1 种观点。作为一名投机者，必须具备尽量多的冷静、理智，且有足够的意志和耐力，过于情绪化的投资者很容易受行情波动的影响。这也是笔者为什么在《黄金游戏(一)——从 A 股获利》中，将“心态”放在开篇第一章的原因。心态决定了一个人在股市中能否成功，决定着在交易中是否有可能埋下隐患。从某种意义上说，理智型、意志型的性格更适合在股市中生存。

当然，每个人都有情绪化的一面。客观地说，每一个人在进入一个陌生环境时，都会有一段时间的情感波动，只是一些人能够控制这种情绪波动，而且这种控制能力可以随着自身意识强化、自我学习以及自我适应来逐渐融入这个陌生的环境。因此，投资者在进入股市后，完全可以通过自我意识来控制情绪，通过自我学习来适应这个市场。如果经过很长时间仍不能适应，笔者的意见是远离它，然后寻找自己适合的事情做。人生如股市，同样需要顺势而为。

再说第3种观点。作为一名投机者，必须能够独立思考，独立决策。股市与其他行业不同，集思广益得出来的结果往往不如独立判断得出的结果，股市并不是“1＋1＞2”的世界，最终的结果往往是“1＋1＜1”。所以，顺从型的性格不适合在股市独立生存，倒是独立型与反抗型更适合这个市场。其表现就是，独立型性格的投机者可以独立思考，可以为自己的行为负责；反抗型性格的投机者在看到一条信息时，首先不是顺从地接受，而是反抗性地进行独立思考，这样经过思考后的结果，往往更有利于决策的正确性。

要想在股市中生存，投机者的性格必须是独立的、理智的、意志力强的，每一个抉择都是自己独立做出而不受外界干扰。这样的抉择是独立的，而不是沦为别人思想的附庸。笔者无数次在博客中阐明：笔者的观点可以作为参考、学习、借鉴或消遣之用；但唯一不可以的就是，不经过自己的思考就照搬无误。照着做，可能今天对了，明天对了，但后天也许市场就风云突变，笔者或许可以凭借自己的思维与经验应付自如，吃亏的当然是那些不善于独立思考而照搬照抄的投资者。思考、独立思考，这是投机者成熟的唯一途径。

二、自我兴趣的认识

教育上有个常识：兴趣是最好的老师。那么，兴趣是什么呢？

兴趣是一种带有倾向性、选择性的积极的态度和情绪。它是一个人的爱好，是一个人用最自然、最本能、最有欲望的方式去做的事情。兴趣是一种无形的动力，当我们对某件事情或某项活动产生兴趣时，就会很投入，并且对其印象深刻。

每个人都会对他感兴趣的事物给予优先注意和积极的探索，并心驰神往。例如，对美术感兴趣的人，对于油画、美展、摄影等都会认真观赏、评点，对好的作品进行收藏、模仿；对钱币感兴趣的人，会想尽办法搜集古今中外的各种钱币珍藏研究；同样，对股票感兴趣的人，会通过深入研究与不断探索，在学习和交易中获得成功的快感。

兴趣之所以能对学习某件事物有巨大影响，其根本原因在于：

兴趣不只是关心事物的表面。任何一种兴趣的产生都是由于获得这方面的知识或参与这种活动而使人体验到情绪上的满足。笔者对股场游戏有浓厚的兴趣，所以会主动地、积极地学习，认真地研究，然后通过实战提高自己。在这个过程中，笔者得到了愉悦、满足和乐趣，这也是笔者对股场游戏兴致盎然、潜心钻研以致获取今天成绩的原因所在。总体来说，一个人如果对某项事物没有认识、没有感觉，就不会产生情感，更不会对它发生兴趣。相反，感觉越好、认识越深刻、情感越丰富，兴趣也就越深厚。

从投机股票市场的角度来说，投资者是否对炒股有足够的兴趣，是否从股票的交易中获得快乐至关重要。如果一个人经历的只是挫折与沮丧，从未感受到任何乐趣，那么继续在这个市场中游戏，其结果可想而知。

笔者以为：股票并非每个人都能炒。从某种意义上说，它只适合部分人参与。如果想在这个市场中存活且有所收益，就必须对股票真正感兴趣，必须付出别人没有付出的努力，必须有足够的承受风险的能力。否则，股票不仅很难给人带来快乐，反而会带来痛苦。笔者一直主张：炒股是为了获得财富和成就感。如果炒股给自己带来的是身心俱损，那就得不偿失。

三、自我价值观的认识

我们经常会谈到价值观，价值观到底是什么呢？

通俗地讲，价值观是指个人对客观事物（包括人、物、事）及对自己的行为结果的意义、作用、效果和重要性的总体评价，是对“什么是好的”、“什么是应该的”等问题总的看法，是推动并指引一个人采取决定和行动的原则，是个性和心理结构的核心因素之一。

价值观也是一种特殊的观念，是以事物的价值特性为主观反映的对象。人类这一主体通过价值观来认识世界各种事物之间的价值联系与价值作用，并掌握各种事物价值特性运动与变化的客观规律，其客观目的在于指导人类主体的实践活动，使之按照自己的客观需要对不同的事物采取不同的选择倾向、原则立场和行为取向，从而达到最大的价值效用。

一个人所拥有的价值资源是有限的，为了最大限度地发挥自己的本质力量，每个人都必须对所拥有的价值资源进行合理配置，这就需要以“价值观”的形式对各种事物的价值特性进行认识和分析，从而引导和控制个人把有限的价值资源投入到合理的领域，最大限度地减少价值资源的浪费，提高价值资源的利用率，使价值资源实现最大增长率。

价值观因人而异。由于先天条件和后天环境不同，人生经历也不尽相同，每个人的价值观的形成也会不同。因此，每个人都有自己的价值观和价值观体系。在同样的客观条件下，具有不同价值观和价值观体系的人，其动机模式不同，产生的行为也不同。价值观是人们思想认识的深层基础，它形成了人们的世界观和人生观。它是随着人们认知能力的发展，在环境、教育等因素的影响下，逐步培养而成的。人们的价值观一旦形成，就会相对稳定，具有持久性。当然，价值观在特定的环境下是可以改变的。由于环境的改变、经验的积累、知识的增长，人们的价值观也可能发生变化。

从如上关于价值观的论述中，可以得出三点结论：(1)价值观对于炒股来说，是极其重要的；(2)价值观一旦形成，就不太容易改变，但不是不可以改变；(3)价值观每时每刻都影响着投资者在股市中的操作。有了这三点结论，作为一个市场投机者，必须建立自己的股市价值观，并且必须建立更符合市场操作规律的价值观。

从某种意义上说，价值观与理念的内涵有些接近，或者说，它们的某些内涵是重叠的。笔者在《黄金游戏(一)——从 A 股获利》第一篇的第二章中，曾详细描述股市中的交易者、投机者、投资者。这就是价值观的某种体现。在同一章，还有关于“顺势而为”的论述。不仅在股市中应该“顺势而为”，在其他领域同样应该“顺势而为”。“顺势者昌，逆势者亡”是一定的。只是，在事物的发展过程中，阴阳会转化，如果有扭转阴阳的功夫，真的就可以“偷天换日”。

价值观主要分为两个阶段：

1. 价值观的初始形成过程。这个过程一般发生在幼年和青年时代，往往由父母或启蒙老师来完成。

2. 价值观的运行与修正过程。这一过程一般发生在成年以后，由于社会经验的丰富以及经历的增加，人们逐渐对外部世界产生新的认识和新的价值，这就是人生观和价值观的修正过程。从人的年龄阶段来说，这个过程主要形成于20～30岁。

根据这个过程，将价值观引入股市。股市的价值观建立在个人价值观的基础之上。例如，有些人无论如何都不会进入股市；因为他们认为，股市的本质是“大型赌博”，他们怎么都不懂，为什么国家会允许这样的赌博出现。这是因为他们知识的局限性及根深蒂固的思维模式所致，但无疑这就是其价值观的体现。

投资者的价值观首先建立在个人原有的价值观之上，同时又会在学习的过程中逐渐修复这种价值观。例如，一个投资者刚入股市，受媒体影响以为买蓝筹股就是价值投资，但经历了2007年10月以来的大熊市后才明白，蓝筹股一样会跌得很惨，原来价值投资不是这个样子。经过这个实践，他至少可以明白，“买蓝筹股不是价值投资”。接着，他看了《黄金游戏(一)——从A股获利》，就会再度明白，原来价值投资其实就是价值投机；而在股市中，投机才是真谛。这就是价值观的修复过程。

笔者在做“黄金游戏”这套系列丛书之前，一直在思考，如何将正确的投机价值观植入整套书中，这样就可以避免投资者仅仅懂一些技术而不能了解投资的真谛。因此，在整个“黄金游戏”系列中，从第一本的第一章，也就是从价值观开始写起，而且每一章节中都会注入这种投机的价值观。那些读出“黄金游戏”味道的读者，都会觉得“黄金游戏”系列与其他股票书籍不同，而且是根本性的不同。笔者给予三点与众不同的定义：(1)价值观；(2)系统性；(3)实战性。

投资者应该如何建立正确的投资价值观呢？笔者以为，首先要明白一点，那就是，对人而言，生命、生活才是最重要的，股市只是人生大游戏中的一场小游戏。有了这样的认识，你就会很轻松地去面对它，不会过于在意得失。就像笔者博客首页的那段话：“股市如同是一场游戏。作为游戏中人，专注于游戏的本身，全身心投入，不刻意追求结果。精神放松方可头脑清醒，不存在大起大落、大喜大悲之负累，方能乐在其中。生活股市，股市生活。任凭生活股市扑朔迷离，股市生活依然波澜不惊。让生活因为股市而精彩，却不要股市成为生活的负累。在游戏的过程中品味，不经意间往往会有意想不到却理所当然的收获!”

有了这样的基础,个人认为,作为一名投机者,我们应该去学习成功者。谁是成功者?譬如说江恩;譬如说巴菲特的部分;为什么是部分?因为很多巴菲特的东西用到普通散户身上,不但没有好处,还有坏处。这是因为,巴菲特背后有巨大的财团支撑,可以经受住亏损,而普通散户却经受不起,因此,只是部分。但江恩不同,江恩本质上是一个做市商,是一个大散户,他的很多观点值得牢记;笔者的很多观点就是从他那里学来的。当然,笔者的更多观点来自于中国的《周易》、《老子》、《阴符经》、《孙子兵法》、《论语》,等等。

四、自我智力及能力的认识

世界是丰富多彩的,有动物,有植物,有山,有水。山有高矮,树有粗细,水有深浅。当然,每个人的智力与能力同样有差别。然而,差别不是坏事,世界的多姿多彩就在于万物的各不相同,人类社会的多姿多彩同样在于你我他之间的差异,也只有这样,社会才能分工,世界才能发展。

抛开大的方面不谈,作为一个人,我们最起码应该知道自己的状况。例如,一个人也许智力超群,但情商很低,这个人如果有独到的且他人需要的价值,那么他就有机会成功;相反,如果他的这些超群的智力没有价值,则将很难成功。再比如,一个人的情商较高但智力一般,那么他至少还是一个受大家欢迎的人。如果一个人的智商很高且情商也很高,那么他将取得了不起的成就。当然,智力很高,不一定能力也很强。能力来源于实践,智力只是增加了获得能力的速度。如果以智力作为衡量人的能力是否强大的标准,那么舟舟就不会成为指挥家,而只是一个智障患者。有人说,舟舟是天才,估计只有舟舟的家人才知道舟舟的“天才”是怎么来的。

一个人必须对自己的智力和能力有一个清楚的了解。“男怕入错行”这句话很有道理。男人一定要找准自己的行业,否则将一事无成。引申到股市,作为入门者,大家都差不多,对这个市场同样不熟悉,甚至可以说是一无所知。但随着对它的熟悉,是否适合炒股就逐渐可以看出端倪。如果通过很久的学习还完全无法找到一点盘面感觉，那就说明根本不适合炒股，从“男怕入错行”的角度来说，应该离开这个市场。这一点其实和智力并不成正比关系，在现实社会中很成功的人有90%进入股市后会变成傻子，会赔钱。原因很简单，股市是赤裸裸地显露人性弱点的地方，如果不经过特殊的学习和训练，在市场中就很难把握，更谈不上游刃有余。

这里所说的让投资者认识自己的智力和能力，并不是现实中的智力和能力，而是在股市中的智力和能力。很多人进入股市后智商会下降，能力也随之下降，如果经过学习和训练仍无法改观，又何必在一个完全没有施展余地的空间里去寻找自己的位置呢？

一个投资者，必须客观地、公平地评价自己，不带有任何感情色彩，多问自己几句：“我适合这里吗？”给自己一些时间，然后给自己一个答复，做一个抉择。

五、自我心理承受力及身体承受力的认识

研究股市极其耗费心神，因为做股票时要全神贯注，而且一般人还很难突破心理关，情绪会随着股价的波动而波动。因为股市上涨而如“范进中举”者有之，因为亏损而跳楼寻短见者有之，因为股市而造成心脏病发作者有之，因为股市而家庭不和者有之……各种因为股票而导致的悲剧不断上演。当然，其中也不乏喜剧。不过，媒体吹出的神话通常是虚，现实里的悲剧却实实在在是真。因此，股市里也有了如《北京人在纽约》中的说法：如果你爱他，就带他入股市，因为那里是天堂；如果你恨他，就带他去股市，因为那里是地狱。

正因为如此，笔者一直强调心态。心态对炒股来说，实在是太重要了。没有良好的心态，炒股可能会影响身体健康，影响家庭和睦，甚至影响生命轨迹。所以，投资者必须进行自我心理承受能力和身体承受能力的再认识。就像心脏病患者不适合玩跳伞，他们同样也不适合玩股票。投资者不能把身家性命全部压在股票上，把养老婆和孩子的钱都投入股市，一旦失误必然会使正常家庭生活受到困扰。而且，炒股背负沉重的心理压力往往会导致“技术变形”，大量的失误会导致心态的更加失衡，最终形成恶性循环而越

搞越糟。

投资股票，身心必须能够承受投资可能面临的失败，必须能够承受一旦失败而导致的后果。如果这些都能够承受，保持一份平和的心态反而会增加盈利的几率。这就是股市，一个与心态息息相关的市场。

六、自我人生阶段的认识

人生阶段不同，风险承受能力也不同。一个弱冠少年，什么都没有，他能够承受几乎所有的失败，因为他的年轻可以让他有足够的时间再度站起来。随着年龄的增长，事业呈上升趋势，风险承受能力却在下降。例如，一个男人一旦成了家，就不再是单独一个人，就会有老婆、孩子，还有年迈的父母，他身上的责任和压力随之加重，这些都降低了他抗风险的能力。随着年龄的继续增长，年老体衰，这种能力会再度下降。等到了八十岁，他甚至不能承受一次普通的摔倒，而这相对于小孩子来说却是家常便饭。

所以，在人生的不同阶段，承受风险的能力是不同的。面对随着时间而变化的人生，我们只能不断调整自己，慢慢地变稳重而尽量不让自己处于风险之中。从某种意义上来说，年轻人可以冒险一些，因为风险越大机会就越多，当然获得收益的可能性也就越大。而年龄大一些的人，可以适当降低风险，让自己尽量不与风险亲密接触。简单地说，就是抗风险能力下降，那就必须提高回避风险的能力。

引申到股票市场，投机者必须认识自己的人生阶段。这里有一个关于理财的“100 法则”，是投资者的经典法则。

理财“100 法则”：高风险投资品种比例占全部存款的（100－年龄）％。也就是说，100 减去年龄，就是应该投资于股票、基金等风险较高品种的比例，其余部分可投资于风险低的稳健型品种，譬如储蓄、黄金（不是炒金，炒金是带有杠杆性质的，属于高风险品种）等。

根据“100 法则”，如果在 30 岁，相对可以较为积极进取，可以将存款的 70％投入到风险性较大同时利润也可能较大的品种；如果在 60 岁，就顶多用 40％的存款来进行风险性投资。

不过，这个法则也只是参考。对于股票市场，个人认为：适合则参与，不适合最好不要参与。这与年龄无关。股票市场其实更适合20～50岁之间的群体进行投机，而50岁之上刚接触股市的人，要尽量减少这方面的投资，除非把它当成消遣。特别是在60岁后，基本上可以避免进行这样的投资，如果真的作为消遣，那没关系，千万别把自己的老本也搭进去。70岁后，一般情况下，普通人就尽量避免玩股票了，巴菲特都考虑退休了，咱还玩什么呢？

第三节　定位人生

在现代营销学中，有一本极具影响力的书，那就是作者为里斯特劳特的《定位》。作为在营销学领域极具历史地位的书籍，它从定位的角度来阐释营销，阐释如何做产品，甚至包括一个国家的定位。

人，只有在适合自己的领域里才能扮演好自己；物，只有放在合适的位置才能发挥良好的作用。顶梁柱就是顶梁柱，椽子就是椽子。譬如赵本山，当年只是一个农民，重活干不了，轻活不愿干，光会耍嘴皮子。但他硬是把嘴皮子耍成一门功夫，耍到了春节晚会，耍成了小品大腕，现在成了东北二人转的代言人，经营二人转产业。从某种意义上说，赵本山不是一个合格的农民，却是一个优秀的艺人。再比如篮球飞人乔丹，在篮球场上是上帝，但在棒球场上的成绩却一般，估计让他打乒乓球就更难出成绩了。一个人要成功，必须找准其个人能力和职业的最佳结合点，这就是自己的人生定位。

在企业营销与战略规划中，有一个应用极其广泛的分析模型——SWOT分析模型（也称TOWS分析法、道斯矩阵；20世纪80年代初由美国旧金山大学的管理学教授韦里克提出）。它包括对四方面内容的分析：优势（Strength）、劣势（Weakness）、机会（Opportunity）和威胁（Threats）。对于一个人来说，在社会的定位，同样需要进行SWOT分析，看清自己的优势，分析自己的劣势，寻找适合自己的机会，同时注意自己所处位置的风险。然后，发挥自己的优势，避开自己的弱势，或者寻找适当时机来补长这根短板。只要做到扬长避短，我们就能遇到机会，并通过自己的能力来把握住机会。

人生，需要定位。正确的人生定位可以帮助我们成就事业，错误的人生定位将使我们荒废年华。人的能量既无穷又有限，说它无穷，在于我们有时候根本不知道自己拥有这样或那样的能量；而说它有限，则在于我们不可能完成某些事情。例如，我们不可能凭一己之力触摸到天上的星星（别用脑筋急转弯的套路，掉下来的陨石不算），“手可摘星辰”只能出现在诗句里。

“三百六十行，行行出状元。”每一行都会有它的“状元”，关键在于要找到适合自己成为“状元”的那一行。如果有天籁之音般的歌喉，就发挥它而成为歌唱家；如果有超人的速度，就去参加奥运会竞赛，如刘翔一样夺金牌、获荣誉；如果有超人的身高和身体素质，就可以去打篮球，甚至超过姚明。反之，如果你五音不全，那最好别把唱歌当作职业；如果没有跑得快的基本素质，就是练死也上不了奥运赛场。社会角色丰富多彩，有运动员，有演员，有政治家，有诗人，还有如笔者这样的股场玩家。能成为什么样的人，在于个人的天赋，当然也需要后天的努力与奋斗。定位人生，并不是反对努力，更不是否定奋斗。定位人生的目的就是告诫自己：懂得立足现实，懂得瞄准可行性目标，然后有目的、有计划地启动人生帆船到达成功的彼岸。

正确定位自己，定位人生，不仅能够提高个人成功的几率，同时还能带来更多的机会。每一个对人生迷茫的人都应该重新思考、定位自己的人生坐标。如此，成功或许就在不远处。

最后，笔者建议每一位读者都学会忍耐。忍耐能够修身，忍耐能够立命，忍耐能够成事，忍耐能够生财。

小　结

1. 兵法云：“知己知彼，百战不殆；不知彼而知己，一胜一负；不知彼，不知己，每战必殆”（出自《孙子兵法·谋攻篇》）。

2.《易经》是中国文化乃至东方文化的起源，它的根本理念在于“无极”，无极即是“无”；从“无”到“有”为“太极”，“太极”即混沌；

混沌最终被分为“阴阳”，即“太极”生“两仪”，“两仪”生“四象”，“四象”生“八卦”，“八卦”生“万物”。

3. 从某种意义上说，以“象我”之“我”来客观地、公平地、不带有任何感情色彩地审视“本我”之“我”，就会发现自我。而发现自我，就能从某种程度上认识自我，认识自我就能实现某种意义上的知“我”。

4.“知人者智，自知者明。胜人者有力，自胜者强。”智之于外，之于表，之于显意识，知彼而不知己，局限性与片面性强；明之于内，之于潜，之于本质认识，无限性和客观全面性强，是为“道”。

5. 作为一名投机者，必须具备尽量多的冷静、理智，且有足够的意志和耐力，过于情绪化的投资者很容易受行情波动的影响。这也是笔者为什么在《黄金游戏(一)——从A股获利》中，将“心态”放在开篇第一章的原因。心态决定了一个人在股市中能否成功，决定着在交易中是否有可能埋下隐患。从某种意义上说，理智型、意志型的性格更适合在股市中生存。

6. 要想在股市中生存，投机者的性格必须是独立的、理智的、意志力强的，每一个抉择都是自己独立做出而不受外界干扰。这样的抉择是独立的，而不是沦为别人思想的附庸。

7. 股票并非每个人都能炒，从某种意义上说，它只适合部分人参与。如果想在这个市场存活且有所收益，就必须对股票真正感兴趣，必须付出别人不能付出的努力，必须有足够的承受风险的能力。否则，股票不仅很难给人带来快乐，反而会带来痛苦。笔者一直主张：炒股是为了获得财富和成就感。如果炒股给自己带来的是身心俱损，那就得不偿失。

8. 投资者应该如何建立正确的投资价值观呢？笔者以为，首先要明白一点，那就是，对人而言，生命、生活才是最重要的，股市只是人生大游戏中的一场小游戏。有了这样的认识，你就会很轻松地去面对它，不会过于在意得失。

9. 一个投资者，必须客观地、公平地评价自己，不带有任何感情色彩，多问自己几句：“我适合这里吗？”给自己一些时间，然后给自己一个答复，做一个抉择。

10. 在人生的不同阶段，承受风险的能力是不同的。面对随着时间而变化的人生，我们只能不断调整自己，慢慢地变稳重而尽量不让自己处于风险之中。从某种意义上来说，年轻人可以冒险一些，因为风险越大机会就越多，当然获得收益的可能性也就越大。而年龄大一些的人，可以适当降低风险，让自己尽量不与风险亲密接触。简单地说，就是抗风险能力下降，那就必须提高回避风险的能力。

11. 适合则参与，不适合最好不要参与。这与年龄无关。股票市场其实更适合20～50岁之间的群体进行投机，而50岁之上的人，要尽量减少这方面的投资，除非把它当成消遣。特别是在60岁后，基本上可以避免进行这样的投资，如果真的作为消遣，那没关系，千万别把自己的老本也搭进去。70岁后，一般情况下，普通人就尽量避免玩股票了，巴菲特都考虑退休了，咱还玩什么呢？

12. 人，只有在适合自己的领域里才能扮演好自己；物，只有放在合适的位置才能发挥良好的作用。顶梁柱就是顶梁柱，椽子就是椽子。

13. 在企业营销与战略规划中，有一个应用极其广泛的分析模型——SWOT分析模型（也称TOWS分析法、道斯矩阵；20世纪80年代初由美国旧金山大学的管理学教授韦里克提出）。它包括对四方面内容的分析：优势（Strength）、劣势（Weakness）、机会（Opportunity）和威胁（Threats）。对于一个人来说，在社会的定位，同样需要进行SWOT分析，看清自己的优势，分析自己的劣势，寻找适合自己的机会，同时注意自己所处位置的风险。

14. 正确定位自己，定位人生，不仅能够提高个人成功的几率，同时还能带来更多的机会。每一个对人生迷茫的人都应该重新思考、定位自己的人生坐标。如此，成功或许就在不远处。

15. 忍耐能够修身，忍耐能够立命，忍耐能够成事，忍耐能够生财。

第二章　知"彼"第二

第一节　谁为"彼"

还是那句老话："知己知彼，百战不殆；不知彼而知己，一胜一负。"既然是要"知己知彼"方可"百战不殆"，作为投资者，应该在审视自己的同时，还必须去"知彼"；否则，仅"知己"而不"知彼"，仍然难以在股市中成为赢家。那么，谁又是股市中的"彼"呢？

"彼"者，即"非我"也。广义上的"彼"，实际上包含了本身之外的所有。当然，股市中的"彼"不可能那么空泛。在笔者看来，股市中的"彼"主要包括五方面内容：外部政治和经济环境、政策面、市场资金面、市场技术面、市场参与者结构。应该说，这五方面内容基本涵盖了股市中"彼"的主要内容。

1. 外部政治和经济环境。外部政治和经济环境包括国际政治、经济环境及国内政治、经济环境，其主要考量的是国际与国内的政治稳定程度、宏观经济走势、产业发展的空间、国际政治关系与经济利益的博弈、国家与国家间存在的合作机会等。

2. 政策面。主要包括宏观经济政策、货币政策、财政和税收政策、产业发展政策及专门针对资本市场的政策等。其中,宏观经济政策是国家经济走向的指南针;货币政策是影响资金面最重要的因素;财政和税收政策影响着国家投资水平、企业盈利水平及个人消费能力等;产业发展政策意味着对某产业发展方向的根本性影响;专门针对资本市场的政策是指资本市场制度等相关政策,表明管理层对资本市场的态度,以及对投资者切身利益的影响等。中国股市被称为"政策市",政策在中国股市中的作用力会更强,所以投资者不可忽视政策的作用。

3. 市场资金面。市场资金面受国家货币政策、投资者的投资意愿等因素的影响,特别是货币政策,对股市起着至关重要的作用,而且货币政策对投资者的投资信心有较大影响。

4. 市场技术面。市场技术面是投资者判断市场走势的依据,是发现趋势改变及发现机会的重要工具,也是投资者必须掌握的技能。投资者必须重视投资技术,并且学会投资技术,才能在市场中游刃有余。

5. 市场参与者结构。是指市场中投资者的结构,特别是各个阶段的投资者所起的作用。A 股市场的投资者结构主要包括机构投资者、普通大户、上市公司、游资及普通散户[有关投资者的详细内容,在《黄金游戏(一)——从 A 股获利》中有详细介绍]。而在每一个阶段,各个投资群体的作用力方向及大小有较大不同,这是投资者需要去注意和体会的环节。

股市就是一个聚集了千千万万个人的游戏场。在这个世界中,每一个新的发现、新的发明、新的政治事件、新的行业、新的产业、新的公司等,都意味着新的机会,都可能对市场带来或大或小的影响。所以,从某种意义上说,观察股市就是观察世界,炒股就是炒世界、炒人生、炒未来、炒未知、炒所有与这个世界有联系的东西。股市是多方面作用力的结果,它甚至具有先知先觉的功能。这就是股市,一个神秘却充满魅力的场所,投资者若想了解并熟悉它,一定需要花费很大的精力和毅力。

第二节　如何知"彼"

既然知道了"彼"包括什么，那么做到知"彼"的方法也就非常明显，就是去认知这些内容，熟悉它们，了解它们。

万事万物，如果我们想从中取巧，必然要知道其内在运行的机理，以及机理中各个重要元素之间的作用关系。例如：要想把车开到F1赛车场上，就一定要熟悉赛车的各种性能，以及它们之间的作用机理，虽然赛车手个人的因素至关重要，但如果对赛车本身不了解，能开好的可能性是没有的。作为一个资本市场的投机者，我们同样需要了解资本市场的机理，需要熟悉其内在的运作机制。

在全球化程度越来越高、互联网越来越发达的今天，你中有我、我中有你，国与国的界限越来越模糊，信息传播的速度越来越快。在互联网时代之前，即使是国外发生大事，要传到国内也需要很长时间，但现在美国即使发生一件提不上台面的趣事，都可能瞬间被互联网传到国内，这样的信息传播速度让信息、文化、经济的交流越来越快。

那么，作为一个去了解这些知识的人，又需要具备什么样的条件呢？

一、21世纪经济人的投机素养

21世纪是一个信息高速传递、经济高速发展的多元化社会，作为生活在21世纪的一个经济型社会人，个人认为，必须具备如下经济文化素质：

1. 了解一些经济学方面的基本知识。例如，GDP、CPI、PPI、失业率、储蓄、投资、利率等基本运作原理，以及其变动对社会经济的影响。

2. 了解主要大国和地区之间的博弈关系，譬如中美、美俄、中日、中欧、欧美、欧日、俄日、俄欧等；了解关系到世界能源、政治变化的世界焦点问题，譬如朝核问题、伊核问题、中东问题、巴印关系、中国大陆与中国台湾的关系演变等。这些博弈关系会直接关系到各国利益的变化。

3. 了解国际经济游戏规则的变化。这一点主要是在出现变化前兆时。以近期的金融危机为例:由于美国过度消费导致的世界经济危机,必然成为世界经济体系改变的契机,这种变化趋势是投资者应该关注的。这种演变可能需要 10 年甚至更久的时间,但这种变化是决定性的。例如,布雷顿森林体系的建立,确立了第二次世界大战后美国在世界经济中的领导地位,也确立了美元作为世界货币的地位,从此世界贸易结算基本上都是以美元作为媒介。如果说当时美国的经济仍是以实体经济为基础,那么在 1972 年美国废除了金本位制就是人性贪婪的结果,美国试图利用科技、资本、军事,以及建立起来的经济模式,利用美元地位获取财富。这样一来,美国就像世界经济的一个抽水泵,它将一根根泵管插入其他国家的经济体系,通过资本游戏来实现从其他国家的经济中"抽血"。其原理也很简单,就是将自己的债务打包卖给别的投资者。他们大量印制美元,通过美元贬值来稀释这些债务,稀释世界各个国家持有的美元价值。这样的模式更像高级寄生虫。如果抛弃人为的贪婪,这种经济模式对美国来说非常好,因为它只要利用资本让自己的科技地位保持领先,就可以通过知识产权来获得巨额的再生资本。通过资本市场,又可以将这种游戏杠杆化,实现利益最大化。至于军事,则是用于保护这种游戏规则得以维持;当然,军事实力的维持仍然得益于能够从中获得高额的经济利益。然而,由于过度的贪婪,使得这种模式过度透支,过度的杠杆化就会让世界经济不堪重负,最终无以为继。

2007 年开始的美国金融风暴所导致的世界经济危机就是这样引起的,这种模式已经让世界不堪重负。在以后的博弈中,世界各国必然围绕建立世界经济的新秩序而展开争斗,而这个新秩序的走向,将决定着各方所获得的利益。这就是为什么投资者应该关注游戏规则变化的根本原因。

4. 了解科技发展的方向及对人类发展的影响。还记得 2000 年的互联网泡沫吗?因为互联网时代的到来,带来了多少超级投资机会?如果把握住这样的机会,一个人完全可以改变自己的命运。这就是科技的力量。对于人类来说,科技的发展引领着发展方向。从某种意义上来说，哪个国家掌握了最高级的科技，它就掌握了人类最大的话语权之一；哪个群体最先介入，他就能够获得最大的利益。作为一名投机者，应该追逐科技发展的方向。谁也不能排除一个新的事物改变人类发展的方向，一旦能够通过判断提前介入，命运必然会因此而改变。

5. 熟悉国家宏观经济政策、货币政策、财政与税收政策、产业政策、股市政策。这些政策决定着国家经济发展的外部环境，决定着资源的分配流向。作为投机者，必须顺势而为，将资金配置到国家政策指向上去，才能获得大的收益。而股市政策是管理层对股市的态度，是扭转股市的决定性力量之一，作为在“政策市”的投机者，必须深深明白这一点。

6. 掌握投机的市场技术。这一点至关重要，因为各种因素综合作用出来的力量效果必然最后显现在盘面上，而只要显示在盘面上，就可以通过技术来进行判断。任何事物都有其发展的趋势，好过头必坏，坏过头必好，周而复始。作为一个投机者，掌握这样的投资技能非常必要。

7. 熟悉市场参与者的情况。参与者的情况包括，整个市场参与者的情况和单个投资标的物参与者的状况。例如，A 股市场参与者中各个群体的多空考量[有关 A 股具体参与者情况，参见《黄金游戏(一)——从 A 股获利》中的相关章节内容]，如果这种集体力量向多，那么行情将上行；如果这种集体力量向空，行情则下行。简言之，就是投资者的心思指向哪里，行情就会指向哪里，当然，这里指的是综合性作用。投资者需要明白的是，既然是人心，它就随时会因为某种因素的变化而变化。

二、如何培养投机素养

要提高自己的投机素养，投机者必须做好如下四点：

1. 保持阅读习惯。这里的阅读内容包括：经济类书籍，最新的国际和国内政治新闻、财经新闻、科技新闻等。

2. 保持独立分析的习惯。有些投资者更习惯看别人的分析，这没关系，参阅别人的观点能够拓展自己的思路。但是，必须注意的是，投资者不能对别人的观点照搬照抄，而要有自己独立的思维方式和分析方式，对事物要有自己的见解。只有这样，才能形成自己判断事物的能力，而非人云亦云。事实上，真理总是掌握在少数人手里，大多数的分析与事实偏离很远，只有极少数人的理解接近事实真相，或者说接近事物的本质。从某种意义上来说，很多“专家”的观点并不一定比你的判断更正确。

3. 掌握投机技术。就像世界上任何一个工种一样，股市同样有其本身的技术，虽然它不是精确的科学，但有其自身的规律。投机者要做的就是掌握判断这种规律的方法，并且利用这些规律来实现自己的利益。

4. 掌握国内宏观经济政策、货币政策、财政和税收政策、产业政策及股市政策。从 A 股诞生开始，这种政策的作用力对 A 股就是巨大的。因此，投资者必须熟悉和掌握当前中国经济形势以及相关的政策。

做好这四点，一个成熟的投机者就差不多成形了。不过，这些都是一个持续的过程，而不是结果。只要是在市场中游戏的投机者，就必须不断更新自己的知识和信息；投机是一个过程而非结果。

第三节　影响 A 股的政策与 A 股趋势

影响 A 股的政策主要包括五个方面：宏观经济政策、货币政策、财政和税收政策、产业发展政策以及资本市场本身的政策。这五项政策可以说是影响 A 股走势的根本所在。A 股的政策市主要也是指这些政策。

由于中国经济正处在高速发展期，它就像正处于生长发育期的少年，本身还不够稳定、体系不够健全，并且会经常出现不理性、不成熟的行为；体现在股市上，就是暴涨暴跌，庄家欺诈盛行。从历史的角度来说，这是股市发展的必然过程。美国资本市场发展的过程比中国资本市场有过之而无不及。作为投机者，不必对此大惊小怪，正确的做法应该是：适应它，同时利用它。实战家与评论家的区别就在于，一个在考虑如何赚钱盈利，一个在考虑如何制造噱头。我们是实干家而不是评论家，所以我们要考虑的是如何赚钱，而非评头论足。

一、宏观经济政策

在谈论中国的宏观经济政策之前，有必要说一下中国现代经济所处的发展阶段，这是了解中国经济必须知道的一点。

任何事物，只要属于正常成长，必然要经历从无到有，然后到初期的快速成长，接着到第二阶段的放慢增长，再到一个阶段的快速发展，最终达到成熟。一个国家的经济发展同样如此。新中国成立初期的基础是一穷二白，新中国成立前的100年间，中国都是在战乱中度过，生产力极度落后，蒋介石在解放战争后几乎带走了所有的黄金白银，新中国成立初期的起点毫无疑问是极低的。新中国成立后，由于中华人民共和国依然不被世界承认，接着就是朝鲜战争……客观地说，中国在新中国成立初期一直到"文化大革命"，整体经济发展还是很快。在这期间，虽然有"大跃进"，但中国还是逐步建立起了苏式工业的雏形。不过，紧接着"文化大革命"的到来，使中国经济发展陷入停滞。直到"文化大革命"结束后，中国在邓小平同志的领导下才重新找到了方向。改革开放使中国经济恢复了高速发展的活力，从此，中国GDP以年均接近10%的速度高速增长，到现在已经超过30年。过去的30年应该是中国快速成长期的前半段，而接下来的30年将是中国快速成长期的后半段。从某种意义上说，中国经济能否走向世界巅峰就取决于这30年，再准确点说，未来10年是决定这30年，也是决定未来中国命运的10年。

毛主席的功绩卓著，个人认为，其中之一就是他让中国的人口快速增长到10亿级别。可能很多人会问，人口多了好吗？国家为什么还要计划生育呢？其实这并不矛盾。例如，一个从事对抗性项目的运动员，他的肌肉必须强壮，因为不强壮就没有力量与对手抗衡。但也不能过于强壮，过于强壮就影响到灵活性和柔韧性。所以，最好的状态是既强壮又能保持足够的灵活性和柔韧性。对于国家的发展，其道理也是一样。国家首先必须使自身"强壮"，到达一定程度后，就需要适当地控制。于是，改革开放后的计划生育就成了国策，否则人口的无限增长就会成为社会发展的负累。

再说人口与经济发展之间的关系。我们知道，自从人类掌握了生产的技能，人类最原始的经济活动就是生产和消费；后来，为实现资源互补，又有了交换。于是，生产、消费再加上交换就是最基本和最原始的经济活动。而经济发展就是建立在这三个基础之上。所谓现代的经济发展，归根结底就是生产、消费和交换的延伸。这与人口有什么关系呢？很简单，生产、消费和交换都需要建立在人的基础之上。国家的人口数量，决定其总的生产力和消费力，可交换的规模和空间与之成正比。这就是人口对经济最根本的作用。中国有如此巨大的人口基数，就有了巨大的生产力，也就有了巨大的潜在市场。从某种意义上说，如果中国有技术，关上门自己发展都会比世界其他国家快得多。中国劳动力丰富，潜在消费市场巨大，这是中国经济发展的根基。从经济学的角度说，这是吃人口红利。从技术意义上讲，一个国家的经济，必须在吃光人口红利之前，把经济提高到游戏规则制定者的高度；否则，就会被别人吃掉，轻则沦为二流国家，重则重蹈被欺辱、被抢掠的覆辙。这就是为什么我们这一代人要努力的重要原因；如果不努力把握历史机会，我们这一代人就会被钉在历史的耻辱柱上，我们的子孙也会在我们死后骂他们不争气的祖宗。

关于现代资本主义经济的发展，笔者将其分为三个阶段：工业化生产阶段、市场消费化阶段、资产证券化阶段（发展到后期，即资产的泡沫化）。

欧洲工业化革命是从蒸汽机的发明开始的。欧洲工业革命使人类社会跨入了工业化生产阶段，从此工业化生产代替了手工生产，人类进入高速发展的时代。现代金融体系起源于荷兰，第一家具有现代特征的银行是荷兰的东印度银行（为荷兰控制印度殖民地所建）；现代金融体系兴盛于英格兰、成熟于美国，英格兰在第二次世界大战之前处于世界领导地位，美国借助第二次世界大战一举奠定了自己世界领导者的地位，通过布雷顿森林体系的建立，确立了美元为世界货币，同时确立美国是世界金融和经济的中心。

事实上，欧美在第二次世界大战前已经完成了其工业化生产阶段的全部积累，只是第二次世界大战破坏了传统欧洲的工业体系，由于有极强的根基，很快得以恢复。恢复后的欧美经济，进入了市场消费化阶段。而欧美进入资产完全证券化，即资产完全泡沫化，是在美元与黄金脱钩之后。由于美元与黄金的脱钩，世界彻底进入法币时代，资产也彻底趋于泡沫化。中国与欧美不同，欧洲在完成工业化原始积累的同时，中国正闭关锁国。换句话说，当欧美基本完成工业化的时候，我们还未起步。中国真正的工业化起步是在中华民国期间，但由于长期战乱，工业化萌芽极其缓慢。直到新中国成立后，才逐渐在苏联的帮助下建立了苏式风格的工业化雏形。中国的工业化大发展是在改革开放后，什么时候中国的钢铁工业进入高速发展期，中国的工业化才算进入高速发展期。至今，经过 30 年的高速发展，中国真正算是基本完成了工业化体系建设。之所以说是基本完成，是因为当前中国的工业化还极不平衡，全国工业化地区差异性仍然较大。

中国资本市场始建于 20 世纪 80 年代的国库券交易，股票市场则是在 1990 年才得以建立。资本市场建立后，应该说，前 10 年一直都只是处于摸索阶段，中国资本市场规模极小，与中国经济本身极其不相匹配。而且，中国股市诞生本身就带有极强的功利色彩——为国有企业脱困。2001 年后，中国股市经历了连续 4 年的大熊市，直到 2005 年开始进行股改，才出现了资本市场的井喷，中国股市快速膨胀，在短短两年多时间内，规模膨胀近十倍。

中国市场的消费化，比中国资本市场的起步还晚，直到 20 世纪 90 年代中后期，这种消费化倾向才逐渐开始显现。

中国经济本身实际上是三条路并行：(1)工业化生产阶段，处于后期；(2)市场消费化阶段，处于初期；(3)资产证券化阶段，处于初期的后半段。在工业化生产主导阶段，开厂搞生产、卖产品最赚钱，因为这是硬赚，1 个赚 0.5 个；在市场消费化后，做贸易最赚钱，这是半硬半软的赚，1 个赚 1 个；在资产证券化阶段，投资、上市最赚钱，因为这是软赚，1 个赚 10 个。这就是资本化的现实。

正常情况下(即经济发展不被战争等意外因素打断)，中国经济高速发展还会持续 30 年，这是由中国人口结构以及所处发展阶段决定的。中国仍有大量农村和偏远的中西部地区的基础建设有待完善，有着巨大的消费市场有待开发，中国资产证券化还只处于初级阶段。只要这三项工作没有完成，正常情况下，中国的高速发展就不会停滞。在未来 15 年中，中国农村及偏远的中西部地区基础建设，是拉动中国经济的一极，中国巨大的消费潜力开发是拉动中国经济的一极，巨大的劳动生产过剩导致的出口贸易仍会保持一极。在这三极的基础上，资产证券化最终将是必由之路。

当下，中国经济的三驾马车是投资、消费及外贸出口，在这三驾马车中，投资与外贸两头大，中间消费占比太小(中国消费仅占 GDP 不到四成，而发达国家美国的消费占其 GDP 超过七成)，呈哑铃型。这种不匹配必须在以后的宏观经济发展中做出相应调整，必须提高国内消费在三驾马车中的占比，否则经济抗风险能力会越来越弱。

通过以上分析，我们大致对中国经济当前所处阶段以及未来经济发展趋势有了一定的了解。接着，再说说当前的宏观经济政策。

自 2007 年下半年以来，因美国次贷引起的世界性金融危机初露端倪。随着次贷危机的深化，美国次贷危机逐渐演化为全球性的金融危机。从 2008 年第四季度开始，金融危机更演化为世界性的经济危机。此次世界性的经济危机仅次于 1929 年的世界经济危机。在这种危机的作用下，中国外贸出口与投资受到极大遏制，GDP 快速下滑。对于中国来说，世界市场的外部需求是不可控需求，只能尽量通过提高出口退税率来增强商品的竞争力，以遏制出口下滑。而自己能够增强的是国内的投资消费，由于中国居民的大量储蓄，导致存在巨大的消费潜力。但由于中国社保体系的不完善，居民并不敢大量花掉银行里的存款。因为存在诸如住房、养老、医疗、孩子教育等各种社保压力，大众不敢拿存款进行消费。相比较而言，国内很多地区的基础建设仍然较为薄弱，公路、铁路等基础设施还有较大的投资空间，由政府主导的基础建设投资就成了最有效的选择。于是，4 万亿元的基础建设投资计划于 2008 年第四季度被国务院批准。记得在 4 万亿元投资政策出台之前，笔者就对此做出了相应预测。至于消费的刺激，则是一个较为系统且缓慢的过程。只有这些社保问题逐渐解决，真正的消费潜力才能够获得有效激发。不过，解决社保问题、刺激国内消费是经济持续发展的根本要素之一，这一点也将刺激消费潜力板块的投资机会。

中国自 2008 年第四季度后的政策，基本上可以用一句话来总结：降税保出口。政府主导同时带动民间增加投资，通过解决社保问题来刺激消费。根据当前经济形势估计，这样的整体政策将持续数年，直到经济再次进入正轨，方能有较大幅度的宏观政策调整。

以往，中国股市运行与宏观经济运行的关联性并不是很大，其根本原因在于，中国股市本身存在较大问题。随着股市制度的完善，以及投资者群体越来越广泛，其与宏观经济的关联性也越来越大，晴雨表的作用也会越来越明显。

二、货币政策

狭义的货币政策是指，中央银行为实现既定的经济目标（稳定物价、促进经济增长、实现充分就业和平衡国际收支等），运用各种工具调节货币的供给和利率，进而影响宏观经济的方针和措施的总和。

广义的货币政策是指，政府、中央银行和其他有关部门的所有有关货币方面的规定，以及所采取的影响金融变量的一切措施（包括金融体制改革，也就是规则的改变等）。

两者的差别主要在于：后者的政策制定者，包括政府及其他相关部门，往往影响金融体制中的外生变量，改变游戏规则，譬如硬性限制信贷规模、信贷方向，开放和开发金融市场等；前者则是中央银行在稳定的体制中利用贴现率、准备金率和公开市场业务等，以达到改变利率和货币供给量的目标。货币政策是通过政府对国家的货币、信贷及银行体制的管理来实施的。货币政策的性质（中央银行控制货币供应，以及货币、产出和通货膨胀三者之间联系的方式）是宏观经济学中最吸引人、最重要也最富争议的领域之一。根据央行定义，货币政策工具库主要包括公开市场业务、存款准备金、再贷款或再贴现以及利率政策和汇率政策等。

运用货币政策所采取的主要措施包括七个方面：(1)控制货币发行；(2)控制和调节对政府的贷款；(3)推行公开市场业务；(4)改

变存款准备金率;(5)调整再贴现率;(6)选择性信用管制;(7)直接信用管制。货币政策的最终目标一般有四个:稳定物价、充分就业、促进经济增长和平衡国际收支。

在2008年第四季度,中国第一次采取适度宽松的货币政策以刺激经济增长。1～4月份,新增贷款突增,四个月新增贷款即完成了全年指标,超过5万亿元,这样的速度创历史新高。对此,中央银行并未表示出收紧货币政策的意向,只是轻描淡写地表示:根据经济发展需要做出微调。从经济发展的需要上来看,这样的增速是合适的,也是2009年经济发展的保障。

再看中国股市,自2008年10月见底以来,连续保持了近8个月的反弹,反弹幅度达七成。这么大幅度的反弹,其主要原因笔者归结为三个:(1)超跌,之前大盘自6 124点以来跌幅超过7.5成,这么快的下跌在技术上需要一定幅度的反弹;(2)重拳的经济刺激政策;(3)宽松的货币政策带来充足的流动性。应该说,这三点使得2008年10月后的市场连续反弹达8个月。从这一点就可以充分证明,货币政策对股市起着至关重要的作用。

其实,股市就是股票供给与资金供给的游戏[有关详细内容,请参考《黄金游戏(一)——从A股获利》的“供需决定股价”章节]。当股票供给需求的资金量大于股票市场资金的实际供给量时,股价跌;当股票供给需求的资金量小于股票市场资金的实际供给量时,股价涨。股票的资金供给量取决于政策对资金控制的态度。例如,宽松的货币政策会增加整个市场的资金供给量,当然也就会增加资本市场的资金供给量;当这种货币供给量充足时,又会吸引部分居民和企业存款来加入这个投资队伍。所以,从某种意义上说,货币政策决定着资金的供给。从这一点上引申,货币政策就是影响股市走向的最重要的因素之一。

再往下延伸,另一方面就是股票的供给量。中国股票的供给量取决于相关的监管部门对股票市场的态度,这一点将在后面资本市场本身政策的相关内容中讨论。

另外,货币政策也影响着对股市来说很重要的另外两个因素:

1. 企业的资金流

在中国,企业的大量资金来源于银行,对企业来说,资金流是否健康很重要。在宽松的货币政策下，银行会放松贷款，企业获得资金相对容易，获得资金的成本也相对较低。在这种情况下，企业的获利能力、健康程度及经营活力自然较高。在正常情况下，宽松的货币政策有利于企业的正常经营及扩大再生产，有利于企业提高自身利润。

2. 企业的利润空间

货币政策宽松时，贷款利率相对较低，对企业来说，无论还贷压力还是贷款成本都会有较大程度降低。在这种情况下，企业获得资金的成本降低，企业的获利空间就会相应提高。企业的利润空间提高，企业股票相对的投资价值也随之提高。

投资者需要注意的是，货币政策与股市并非呈现完全吻合的波动对等关系，而是在它们之间，有一个相对滞后的作用时间。例如，当经济出现下滑时，货币政策开始放宽。在这种情况下，股市反应往往相对滞后。在一次次的降息和降低存款准备金时，股市在初期都依然下跌，直到积累效应显现，股市才会止住下跌趋势。相反，当经济处于较好的发展时期，为了防止经济过热，央行会提高利率，在加息和提高存款准备金的初期，股市依然继续上行，直到这种力量改变股市向上运行的趋势为止。但是，2008 年 10 月以来的行情有一定的特殊性，其原因是这次上涨的作用力有三个：超跌、重拳的经济刺激政策，以及宽松的货币政策带来充足的流动性。其中，宽松的货币政策只是作用力之一。

股市本身有其运行的内在规律和趋势，一种趋势必须在其运行结束后才会改变。例如，2007 年的“5.30”“半夜鸡叫”让股市连续数天暴跌。但是，跌得快，涨得也快，最终大盘又涨了2 000多点才算罢休。政策一般不会立刻改变股市的方向，但政策的导向会在一定时间后逐渐改变股市的内在运行趋势。因此，关注政策导向，对中国的投机者来说至关重要。

图 2.1 为自 2006 年以来沪市大盘的走势图，其间笔者插入了印花税调整征收的因素。另外，宽松的货币政策开始于 2008 年第四季度，可以对比一下行情，同时思考笔者前面所述的反弹基于的三个要素。

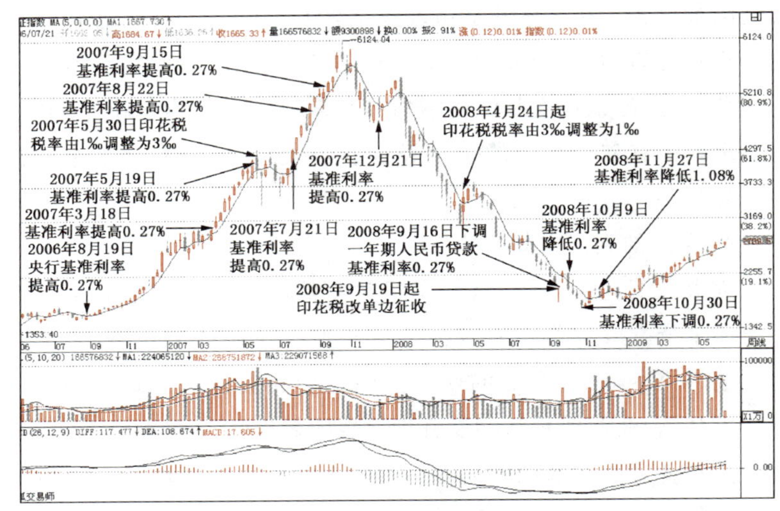

图 2.1

三、财政和税收政策

财政政策是指，国家根据一定时期政治、经济、社会发展的任务而规定的财政工作指导原则，通过财政支出与税收政策来调节总需求。增加政府支出，可以刺激总需求，从而增加国民收入；反之，则会压抑总需求，减少国民收入。税收对国民收入是一种收缩性力量，因此，增加政府税收，可以抑制总需求，从而减少国民收入；反之，则会刺激总需求，增加国民收入。

交易靠自己

财政政策是国家整个经济政策的重要组成部分。

政府支出有两种形式：一是政府购买，指的是政府在物品和劳务上的花费——购买政府用品、购买军备、修建交通设施、支付公务员薪水等；二是政府转移支付，以提高某些群体保障（例如，老人或失业者）和收入。

税收是财政政策的另一种形式，它通过两种途径影响整体经济：首先，税收影响人们的收入；其次，税收能影响物品和生产要素，因而也能影响激励机制和行为方式。

财政政策的内容主要包括：

1. 社会总产品；

2. 国民收入分配政策；

3. 预算收支政策；

4. 税收政策；

5. 财政投资政策；

6. 财政补贴政策；

7. 国债政策；

8. 预算外资金收支政策等。

它们之间相互作用、相辅相成。

国家财政政策，说白了就是国家收支。当国家侧重于收，企业、国民收入相对就会减少，需求相对来说会被压抑；相反，当国家侧重于支，企业、国民收入相对增加，也就能刺激需求。财政政策除了其本身的基本功能外，一般作为调控宏观经济的政策工具来用。

例如，自2008年第四季度以来，积极的财政政策就是为宏观经济调控而制定的。由于世界金融危机的蔓延，快速控制经济下滑趋势至关重要。在这种背景下，政府出台了宽松的货币政策和积极的财政政策。在应对1998年的亚洲金融危机中，政府使用的也是同样的方法，即通过快速提高政府支出来刺激内需，实现拉动经济增长的目标。

现阶段，政府主导的积极财政政策主要包括两个方面：(1)扩大财政投资规模；(2)减税。此举之所以在中国现阶段屡试不爽，是因为中国当下的基础设施仍然薄弱，投资还有较大拉升空间。一旦中央政府大力度投入进行基础建设，必然会拉动地方政府的投资，地方政府又会拉动民间投资。这样一来，就能快速拉动经济增长，从而止住经济下滑的势头。不过，这种措施的效力会随着中国经济越来越发达而越来越小。这就是为什么欧美等发达国家无法采用这种政策的根本原因。特别是，如果国家步入消费型，这种投资式的积极财政政策将很难再产生明显效果。

为了更好地理解积极的财政政策，我们不妨看看财政部对从2008年第四季度开始的积极的财政政策的解读：

此次实施的积极财政政策主要着力于以下五个方面：

第一，加大投资力度，优化投资结构。中央政府增加的投资，主要用于保障性安居工程，农业、教育、医疗卫生、生态环境等基础设施建设，支持灾区恢复重建。

第二，推进税制改革，实行减税政策，减轻企业税收负担，促进企业投资和居民消费。

第三，调整国民收入分配格局，增加财政补助规模，促进提高居民收入，特别是农民和城乡低收入群体的收入。

第四，进一步调整优化财政支出结构，推进社会事业加快发展，促进保障和改善民生。重点是加大对“三农”、教育、医疗卫生、社会保障、保障性安居工程建设等民生领域的投入。

第五，大力支持科技创新和节能减排，推进经济结构优化。加大财政科技投入力度，保障重大科技专项实施。加大对基础性和公益性科研的稳定支持力度。实施促进企业自主创新的财税优惠政策，加快高新技术产业和装备制造业发展，鼓励企业增加科研投入。

从以上解读可以看出，投资和税收改革是积极财政政策的重头戏。政府可以通过加大支出力度和降税来实现对宏观经济的刺激，通过提高社会保障力度和国民收入，特别是农民收入，来提高消费能力，通过鼓励科技创新来提高生产能力及生产率以刺激经济。

对股市来说，积极的财政政策意味着两方面内容：

1. 至少会迎来局部机会。因为政府突然大幅增加支出，必然会带动一些行业的复苏，促进这个行业的发展。反映在股市上，相应的板块就会有爆发性的机会，譬如 2008 年第四季度的基础建设板块，图 2.2 和图 2.3 分别表示 2008 年 11 月 9 日国务院宣布 4 万亿元投资前后，受基础建设概念影响的中铁二局（600528）与海螺水泥（600585）的走势图，两只股票在短期内就上涨 200％的幅度。

2. 积极的财政政策能够带动市场信心，带动地方政府、民间资本追加投资，从而对刺激经济有乘数效应。特别是对于基础建设较为薄弱的中国来说，这个乘数效应更大（但是，2008 年的乘数效应小于 1998 年的，因为无论从经济规模还是从基础设施来讲，两者都不可同日而语）。因此，它能够刺激市场神经，对股市当然也就会产生较强的刺激作用。图 2.4 表示沪市大盘在国务院宣布 4 万亿元投资计划后的走势。

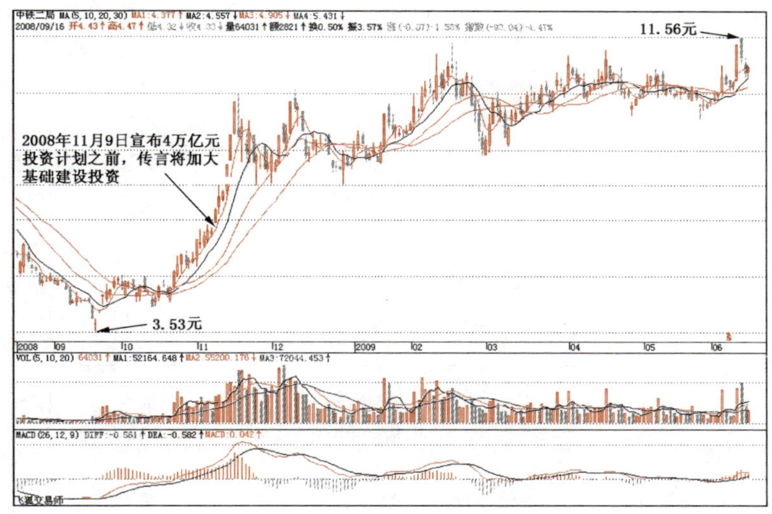

图 2.2

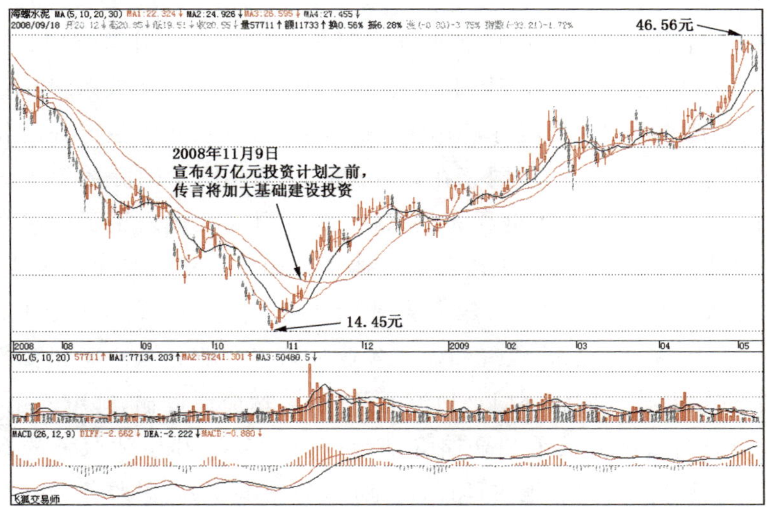

图 2.3

四、产业发展政策

产业，即生产物质产品的集合体，包括农业、工业、交通运输业等部门，一般不包括商业。有时专指工业，譬如产业革命；有时泛指一切生产物质产品和提供劳务活动的集合体，包括农业、工业、

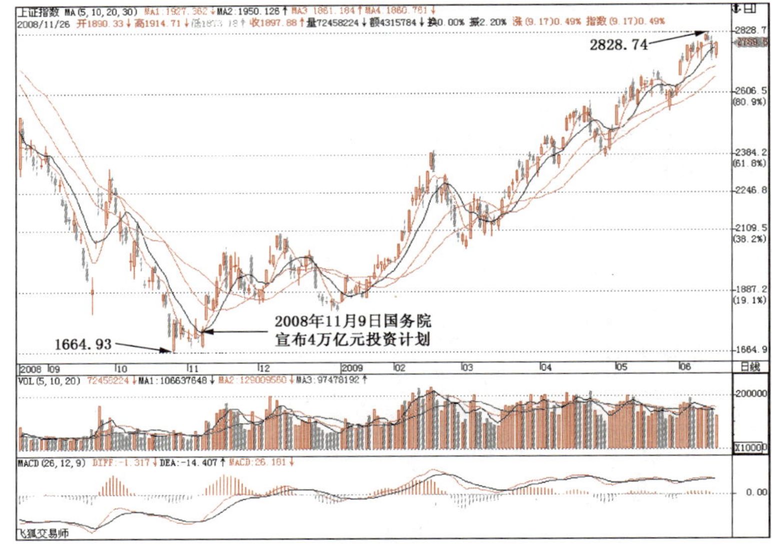

图 2.4

交通运输业、邮电通讯业、商业饮食服务业、文教卫生业等部门。

20 世纪 20 年代，国际劳工组织最早对产业做了比较系统的划分，即把一个国家的所有产业分为初级生产部门、次级生产部门和服务部门。后来，许多国家在划分产业时都参照了国际劳工组织的分类方法。第二次世界大战以后，西方国家大多采用了三次产业分类法。在中国，三大产业的具体划分如下。第一产业为农业，包括农、林、牧、渔各业。第二产业为工业，包括采掘、制造、自来水、电力、蒸汽、热水、煤气和建筑各业。第三产业分为流通和服务两部分，具体分四大部门：(1)流通部门，包括交通运输、邮电通讯、商业、饮食、物资供销和仓储等部门；(2)为生产和生活服务的部门，包括金融、保险、地质普查、房地产、公用事业、居民服务、旅游、咨询信息服务和各类技术服务等部门；(3)为提高科学文化水平和居民素质服务的部门，包括教育、文化、广播、电视、科学研究、卫生、体育和社会福利等部门；(4)为社会公共需要服务的部门，包括国家机关、政党机关、社会团体以及军队和警察等。

一个国家，在不同的发展阶段，其产业发展的重点也不同。例如，在我国建国初期，解决吃饭问题是首要问题，农林牧渔业就是我们的“第一产业”。随着农业的发展，温饱问题得到解决，国家生产工业化就成了重中之重。于是，产业重点转移至工业，即第二产业。而一旦工业化步骤完成，基础建设完备后，后面的重点就是服务业，即第三产业。

当下，中国正处在从农业化国家向工业化国家的转型期，正处在第三产业发展的初期。从发展阶段上来看，当下产业发展的重点可以分解如下：

第一产业：继续深化“三农”问题。这里已经不再单指农业生产，而是农村、农业、农民的“三农问题”，它主要是为了解决农民增收、农业增长、农村稳定的问题。

第二产业：继续深化工业发展，特别是重工制造业的发展，这关系到一个国家的工业化程度。中国当前正处在从农业化国家向工业化国家的转型时期，工业化需要继续深化。相应的第二产业，譬如采掘业、制造业、能源产业、建筑业等，都是重点发展产业。

第三产业：中国第三产业发展相对较为落后，包括交通运输、仓储及邮电通信业仍有较大发展空间，金融、保险、综合技术服务、教育、文化艺术及广播电影电视业、卫生、体育和社会福利业、科学研究业等都仍较落后。这些都说明，中国在第三产业有巨大的发展空间，国家在政策上也会在以后的发展中给予较大的扶持。

从以上的分析中，我们可以得出结论：中国在未来 10 年的发展重点仍是第二产业，但第三产业发展空间巨大。为了便于理解这一点，我们不妨对 2008～2009 年推出的十大产业振兴规划逐一盘点。

1. 汽车产业调整和振兴规划

中国汽车销量自 2009 年 3 月超越美国，成为世界最大汽车消费市场国。在金融危机的大环境下，中国汽车业高歌猛进，连创销量新高，可见汽车消费潜力之大。考虑到中国的人口规模、发展阶段及市场潜在容量，可以预见，中国未来将必然是世界最大的汽车消费市场。为了继续刺激汽车业的高速发展，2009 年 1 月 14 日，国务院常务会议审议并原则通过汽车产业调整振兴规划。推出了诸如减征车辆购置税、安排 50 亿元补贴农民购置车辆、推进汽车产业重组、今后 3 年投入1 000亿元以支持企业自主创新和技术改造等一系列产业刺激政策。那么，相应的汽车业必然会在政策刺激下高速发展。有政策刺激预期及火热的消费市场，企业势必会加大投资力度和速度，扩大再生产，产业发展前景当然会很好。针对这一点，笔者在2008年10月后，连续对汽车板块给予点评，对这个板块投入了极大的关注，当时相关板块股票被机构所抛弃，股票处于底部。结果，几个月后，随着汽车业发展趋势明朗，汽车股又成了香饽饽，股票短期内大涨。其实，这就是产业刺激与个股的关系。当然，投资者要关注产业所处的发展阶段，这关系到政策的刺激预期及其本身的发展预期。

2. 钢铁产业调整和振兴规划

2008年，中国钢铁产量达5.02亿吨，占世界总产量的37.75%，中国成为世界第一大钢铁生产国，其总产量接近排名前十位的其他生产国的钢铁生产总和。中国钢铁产业的世界地位可见一斑。2009年1月14日，国务院常务会议审议并原则通过钢铁产业调整振兴规划。其内容主要包括：实施适度灵活的出口税收政策，淘汰落后产能，推进企业联合重组，在中央预算内基建投资中列支专项资金，推动钢铁产业技术进步。钢铁产业后面的重点将是技术改造和产业重组。所以，对于那些重点钢铁企业来说，发展空间仍然很大。个人认为，钢铁板块是未来几年内重点关注的板块之一。

3. 纺织工业调整和振兴规划

纺织业是劳动密集型企业，关系到大量的就业岗位，是民生产业。中国的纺织业在世界上扮演着最重要的角色，是世界上生产量最大、市场份额最大的纺织业大国。同时，纺织业是重点出口创汇产业。刺激计划包括：连续两次将出口退税率由14%提高至16%，对基本面较好但暂时出现经营和财务困难的企业给予信贷支持。纺织业是较为成熟的行业，它受制于世界经济形势，关注它，就要关注世界经济复苏状况。

4. 装备制造业调整和振兴规划

我国现在虽是工业大国，但并不是工业强国，其根本原因就在于装备制造业还较落后，特别是一些高精密装备仍然依靠从外国进口。所以，作为一个即将走向工业强国的国家来说，振兴装备制造业是必走的一步。2009年2月4日，国务院总理温家宝主持召开国务院常务会议，审议并原则通过装备制造业调整振兴规划。振兴规划内容主要是：支持装备制造骨干企业进行联合重组，发展具有工程总承包、系统集成、国际贸易和融资能力的大集团。其目的是，把装备制造业做大做强。因此，对于那些具有较大规模且具有较强技术实力的装备制造业来说，将是很好的发展机遇。

5. 船舶工业调整和振兴规划

我国船舶制造工业目前仅次于韩国，排名世界第二，且这种差距在当前只是微距，距离赶超韩国而成为世界造船第一大国的日子估计不会很远。当前，我国的造船工业发展很快，但仍因其核心部件（例如，汽轮机技术）不能生产而受制于人。2009 年 2 月 11 日，国务院审议并原则通过船舶工业调整振兴规划。船舶工业振兴规划的主要内容是：鼓励金融机构加大船舶出口买方信贷资金投放；将现行内销远洋船财政金融支持政策延长到 2012 年；抓紧研究出台鼓励老旧船舶报废更新和单壳油轮强制淘汰政策；今后 3 年暂停现有船舶生产企业新上船坞、船台扩建项目；在新增中央投资中，安排产业振兴和技术改造专项，支持高技术新型船舶、海洋工程装备及重点配套设备研发。从规划上可以看出，国家的重点在于，扶持船舶工业的技术升级和出口。可以预见的是，那些具有核心技术研发能力及出口能力的大型船舶企业，将迎来极好的发展机遇。

6. 石化产业调整和振兴规划

石化产业是国家经济的命脉产业，当前经济发展的主要能源之一就是石油。据估计，中国在 2010 年有可能成为世界最大的石油进口国。作为工业支柱，石化产业必须强大。2009 年 2 月 19 日，国务院审议通过石化产业调整和振兴规划。其主要内容包括：提高部分高附加值产品的出口退税率，合成树脂、合成橡胶等退税率将由 5％提高到 11％。石油石化产业绝对是中国经济的支柱产业，它本身的发展空间一定很大，这一点绝对受到国家的保护和扶持。

7. 轻工业调整和振兴规划

轻工业是民生工业，与人民群众的生活消费密切相关。对于仍有较大消费提升空间的中国来说，轻工业仍有发展的空间，更何况轻工业基本上都是易耗品，需要更新换代，再加上新兴市场，在未来仍有较大发展空间。2009 年 2 月 19 日，国务院审议通过了轻工业产业调整和振兴规划。其主要内容包括：加大科技投入，鼓励技术创新。

8. 有色金属产业调整和振兴规划

有色金属产业是重要的基础原材料产业，产品种类多、应用领域广、产业关联度高，在经济建设、国防建设、社会发展以及稳定就业等方面发挥着重要作用。2009 年 5 月 11 日，国务院审议通过了有色金属产业调整和振兴规划。其主要振兴措施包括：完善出口税收政策，抓紧建立国家收储机制，加大技术进步及技术改造投入，推进直购电试点，完善企业重组政策，支持企业"走出去"，修订完善产业政策，合理配置资源，继续实施有保有压的融资政策，严格执行节能减排、淘汰落后产能问责制，建立产业信息的交流和披露制度。近些年来，由于国际大宗商品期货涨价的影响，有色金属的股性很活，一般上涨速度很快。因此，关注有色金属板块，一定要关注国家大宗商品期货价格及运行趋势。

9. 电子信息产业调整和振兴规划

电子信息产业是国民经济战略性、基础性和先导性支柱产业。2009 年 2 月 18 日，国务院常务会议审议并原则通过电子信息产业调整振兴规划。其振兴措施主要包括：必须强化自主创新，完善产业发展环境，加快信息化与工业化融合，着力以重大工程带动技术突破，以新的应用推动产业发展。电子信息板块在股市中一直属于比较活跃的板块，受概念影响较重，是投资者应该重点关注的板块之一。

10. 物流业调整和振兴规划

物流业在经济发展中起着极其重要的作用，特别是对于中国这种高速发展的大国，物流业更显得举足轻重。2009 年 2 月 25 日，国务院常务会议通过了物流业的调整振兴规划。其振兴规划内容主要包括：确定振兴物流业的九大重点工程，包括多式联运和转运设施、物流园区、城市配送、大宗商品和农村物流、制造业和物流业联动发展、物流标准和技术推广、物流公共信息平台、物流科技攻关及应急物流等。同时要求推动能源、矿产、汽车、农产品、医药等重点领域的物流发展，加快发展国际物流和保税物流。从振兴规划措施上可以看出物流业的重要性，对于物流企业来说，未来有很大的发展空间。

炒股炒的是未来，是预期，因此，产业发展的空间、趋势以及国家政策对产业发展的刺激对股市至关重要，市场时刻关注着产业发展动向及相关产业政策，而产业政策的变动可能会带来新的机会和风险。因此，投资者要密切关注产业政策的走向，并根据走向做出自己的投资决策。

五、证券市场政策

中国证券市场的游戏规则和发展规划的制定、日常监督和管理均由中国证券监督管理委员会负责。从这一点上可以看出，中国证券市场的相关政策主要由证监会制定和发出，部分涉及其他部门的政策也会由证监会和其他部门联合发文。因此，证监会的相关政策思路是证券市场的主要政策思路。

根据其特性，笔者将证券市场的政策主要分为三类：影响深远的改革性政策、影响市场走势的政策和影响板块个股的政策。

1. 影响深远的改革性政策

在股市中，特别是正在快速发展的股市中，经历一个阶段之后，必然会有新的改革性措施出台，用以改善以往发展中遇到的重大问题。这种改革将会非常深远地影响后面的市场，有时甚至直接刺激一轮牛市或一轮熊市。最具代表性的改革性政策，譬如股权分置改革，它直接刺激并成就了一轮在2005～2007年间涨幅超过500％的大牛市，又直接导致了2007年10月以来一年下跌7.5成的大熊市。

这样的政策之所以对股市影响深远，是因为它改变了股市中影响到市场根基的环节，它有成功也有失败，甚至有时候制度本身也会导致行情的怪异发展。这里就拿股权分置改革来作案例，对这类政策加以分析。

2001年，由于"国有股市价减持"的重大利空[国有股市价减持会带来巨大的股票供给，而资金供给却无法跟上，在这种情况下，股价必然大跌；有关这方面的原理，请参考《黄金游戏(一)——从

A 股获利》中的“供需决定股价”]，股指大跌，后来虽然停止了国有股减持，但大势已去，自此 A 股走上了连续 4 年的大熊市。这种趋势直到 2005 年 6 月才真正改变，而改变市场趋势且推升股指大幅上涨的最根本动力之一，就是“股权分置改革”。

为了加深理解“股权分置改革”，我们有必要对“股权分置改革”的来龙去脉进行一些介绍。

中国的股票市场自 1990 年设立后，只有十几年的历史。当初，为了摆脱经历数种试点，但仍无法解决国有大型企业困境的局面，提出了采取股份制和发展证券市场的改革方案。但国家又担心：如果把工厂、企业变成股票去发行，万一外国人进来把股票全买了，岂不是工厂就变成外国人的了？为了保证国家安全，国家的支柱产业必须在国家的可控范围内。因此，为了避免这种情况发生，就采取国家法人股不流通的措施来应对。例如，某工厂股票的 70％是非流通股（包括国家股、法人股），只发行 30％的流通股（比例大致是这样的），这样就算外国人买了全部的流通股，也只有 30％，不可能控股公司。非流通股的计算基本原则是这样的：比如一家企业有 7 亿元资产，公司非流通股就划分为 7 亿股，每股为 1 元，公司总资产就是 7 亿元。接下来，公司上市发行 3 亿元流通股，每股发行价为 6 元，募集 18 亿元资金用于再投资生产，那么公司的规模是 7 亿元＋3 亿元×6＝25 亿元，总股本是 7 亿元＋3 亿元＝10 亿元，其中 3 亿股是流通股，其余非流通股都属于国有股，不能流通。相比 A 股市场，国外的资本市场是全流通的。不过，老板要是想卖掉公司股份，也需要很长时间。例如，比尔·盖茨要想卖掉全部微软的股份，差不多需要 20 年。

这样会产生什么后果呢？

（1）同股不同权。例如，公司年盈利 10 亿元，要把 10 亿元全部分给股东，那么每股可以分得 1 元钱。这样，问题就来了，国家股成本是每股 1 元，分红就是 1 元，收益率为 100％；普通投资者成本则是每股 6 元（会随行情上下波动），分红也是 1 元，收益不足两成。一样的股票，收益却不同，即同股不同权。

（2）由于流通股占比太小，无话语权，这样直接导致大股东一股独大，缺乏监督，为所欲为，践踏了普通投资者的权益；或把募集来的普通投资者的钱通过内幕交易洗走，甚至直接就被上市公司高层卷走。

(3)由于非流通股不能抛售，上市公司的实际市值无法正确计算。正常的市值计算方法是股价×总股本，但由于大部分国有股权不流通，因此，市值就无法正确计算。

(4)大股东转让存在法律上的障碍。

(5)股权除了国家股，还有法人股、职工股、职工转配股、流通股、流通增发股等。这就存在着各种股权成本如何计算、股票价值如何计算等问题。

市场中，同样是股东，权利不对等、义务不对等、风险不对等，这个市场该如何管理？所以，股权分置改革势在必行。由于各类股东获得股票的成本不同，为了实现相对公平，股权分置改革的规则是：非流通股股东向流通股股东支付对价以换取流通权。

那么，这样的股权分置改革如何又导致了一轮大熊市和大牛市呢？

根据股权分置规则，非流通股股东在获得流通权前，首先要向流通股股东支付对价，然后锁定一定期限后即能上市流通，其总体规则是“锁一爬二”。何谓“锁一爬二”？“锁一”是指自方案实施之日起，在 12 个月内不得上市交易或者转让，即在“锁一”期间，严格限制转让行为；“爬二”是指持有上市公司股份总数 5%以上的原非流通股股东，在“锁一”期满后，通过证交所挂牌出售原非流通股股份的数量占公司股份总数的比例，在 12 个月内不得超过 5%，在 24 个月内不得超过 10%。于是，非流通股从获得流通权到真正大量流通，就有 3 年的缓冲期。与此同时，普通投资者却可以立即得到非流通股股东所支付的对价。这样一来，对于流通股股东来说，可以首先获得非流通股股东所支付的对价，这种白捡的好事对于普通投资者来说当然乐意，加上当时股价普遍较低，具有较好的投资价值，所以大量资金涌入股市，股价在资金的推动下大幅走高，形成上行趋势。

读过《黄金游戏(一)——从 A 股获利》的读者应该知道，决定股价涨跌的根本因素是股市中资金和股票的供求关系。大量原来的非流通股进入流通市场，按照“锁一爬二”的规则，在股改 3 年后，加上前面股价已经大幅上涨、大量的大型IPO融资和接着发生的世界性金融危机等因素，最终导致股票与资金供给严重失衡，股价于是快速下跌，一年内下跌75%的大熊市就此形成。

这就是最近一轮大牛市和大熊市发生的根本原因。

从上面的政策实例中，我们可以看到：政策可以改变市场的供求关系[具体内容和原理，可参考《黄金游戏(一)——从A股获利》]；而改变供求关系，就可以改变股市的运行趋势。根据这样的原理，投资者要判断政策如何左右市场，就看政策本身是如何影响股市供求关系的；根据这种供求关系，就能判断出未来行情的走势。

2. 影响市场走势的政策

影响市场走势的政策，管理层会根据他们对市场的态度做出。比如说，2007年，管理层多次提醒风险而市场置若罔闻，在“5.30”行情后，股指继续疯涨，最后监管部门停止了审批基金，而推动那波行情的正是公募基金的资金，最后行情继续维持了一个多月，终于在2007年10月中旬因“体力不支”而结束。虽然说，市场见顶停发基金这项政策不是直接导致行情结束的根本原因，却是十月份结束行情的直接原因。

类似这样的政策，就是影响市场走势的政策。这类政策虽不是市场走势的决定性因素，却能从某种程度上改变阶段性市场走势，是投资者必须注意的市场政策。根据笔者的经验，这种政策经常会出现，只是如果不仔细分析，投资者有可能不会注意到这种政策的存在，它却实实在在地影响着市场。

3. 影响板块个股的政策

影响板块个股的政策主要包括相关部门推出新的交易品种、新的交易规则或新的鼓励政策等，它们可能对部分板块个股产生有利或不利的影响。比如，历经10年，创业板终于有可能在2009年建立，这对于那些受益于创业板开办的概念股，将是重大利好。之前，创投概念板块股也是经过多轮炒作[关于概念股的炒作方法，读者可参考《黄金游戏(一)——从A股获利》，里面有关于概念股炒作的过程、步骤及注意事项，是参与概念股的实战教程；其中，最重要的案例讲解就是关于创投概念板块]，2009年上半年更是主要炒作热点之一。类似这样的政策还有股指期货概念、行业重组概念等。

其他还有一些对市场短期影响不大的政策，如相关的监管制度等，但这些政策对资本市场发展起着至关重要的作用。这类政策虽不必过于关注，但作为一个合格的投资者，应该懂得这些规则。

第四节　政策、心态、理念、技术之关系

在《黄金游戏（一）——从A股获利》中，笔者把开篇的前三章分别给了心态、理念和技术，其间对心态、理念、技术的相关理论进行了详细阐释。这里之所以把政策放进来，是因为心态、理念和技术总体上是个体的内在修炼，而政策则属于外部环境。从现实上来讲，内在的修炼是否到位，必须放在实践中检验，必须放在现实中才有价值。这是笔者要论述政策、心态、理念、技术之关系的根本原因。

一、心态

心态就是人的心理状态。一个人心平气和、不偏不倚地去看待一件事情，和带有浓厚的感情色彩去看待一件事情，其结果有天壤之别，甚至得出的结论有可能完全相悖。人是绝对情感的，但又是相对理性的，因为人有“本我”与“象我”的思想，这是人与普通动物的根本区别。情感是本性，人天生就具有七情六欲；理性则是人客观思维的结果。

在股市中，最容易导致失败的不是技术，而是不能客观地对待行情的变化，不能快速地否定自己，投资者常会把自己的喜好带入股市。例如，当股票快速上涨时，明显已经出现了见顶征兆，且这种征兆也被感受到，但大多数投机者往往会希望它再涨一些。然而，客观不会因为主观而改变，最终股价跌落，一切都变成过眼云烟。再例如，当股票破位下跌时，明明知道它可能还会继续下跌，但投资者难以接受赔钱的现实，最终错过了卖出时机，结果越陷越

深，直到被深套。更有一些投资者，喜欢把个人喜好带入股票中，当买入一只股票后，他会觉得这只股票哪里都好，就会一直持有下去，不愿意改变自己的观点。这些都是股市中最常见的心理状态。

要想把股票炒好，就必须努力克服这些人本身的情感特性。从某种意义上说，在股市里要抛弃个人情感，做到“冷血”。买股票不是为了与股票“谈恋爱”，而是通过交易股票来赚钱。买入股票和卖出股票要根据事实来做出决断，而不是根据自己的情感。在炒股过程中，很多投资者会出现情绪失控：因为上涨而欣喜若狂，因为下跌而垂头丧气。股票涨跌是其根本的特性，如果没有涨跌这个特性，股市也就没有存在的意义。既然参与进来，唯一正确的做法就是适应它、习惯它。买入的股票涨了，证明自己判断对了，完全没必要欣喜若狂，因为这只是纸上财富；买入的股票跌了，证明自己的判断有问题，及时纠正它避免酿成大错，同时汲取经验，下次避免失误。股市就是这样一场游戏。

炒股时调整心态，其实就是要控制自身的情绪，让自己的情绪在面对股市的时候平和，而非像股市本身那样波动。在遭遇诱惑和恐惧时拒绝它，让客观给自己回报，而非其他。当一个人面对股市不再欣喜若狂、不再垂头丧气、不再贪婪、不再恐惧、不再犹豫时，这样的心态就适合在股市中生存。

二、理念

“投机”和“投资”在股市中被争来说去，有人大力倡导投资理念，有人大力倡导投机理念。在笔者看来，投机和投资是非常接近的概念。我们之所以根深蒂固地排斥“投机”，是因为计划经济时代留下的阴影，在固有的观念里把“投机”和“投机倒把”画上了等号。实际上，投机是极具内涵的褒义词。投机，向机会而投，有什么不对？投资，同样也是向机会而投。所以，从根本上来说，“投机”和“投资”没有本质区别。

既然“投资”与“投机”在证券市场被分开，其根本原因是什么呢？个人认为，这主要是因为：第一，两者风格不同；第二，两者给话语权者带来的利益支点不同。

先说第一点，为了便于理解，我们将投资用巴菲特来代表，将投机用索罗斯来代表。现实中，这两个人物也是资本市场中公认的这两派的代表人物。

大家都知道，索罗斯的投机主要是针对市场中存在的漏洞，无论是对制度漏洞，还是对市场扭曲后所暴露的漏洞，他都会主动出击，然后以迅雷不及掩耳之势取得利益。客观上，索罗斯是抓住市场或制度漏掉的机会，采取攻击性的方法赚取超额利润。由于这种方式的果断神速，通常被称为投机。索罗斯的方式带有一定的破坏性，也就是说，他的盈利往往是建立在别人的损失之上，而且是突然的损失。

巴菲特采用的方式与索罗斯不同，他注重基本面的分析，根据基本面评估其所蕴含的正常价值，一旦股票大大低于这个价值，他就会买入。买入后，股票也许会再跌去一部分，但最终熊去牛来，他就能获得超额的收益。

从表面上看，两个人在投资方式上截然不同。事实上，两个人的方式虽然不同，但异曲同工，都是找到机会而投，并非盲目瞎投。他们看到的都是别人还没看到的“漏洞”，也就是机会，然后介入。不同的是，索罗斯炒作的是概念，巴菲特炒作的是基本面。索罗斯炒作概念不太在乎基本面，他在乎的是趋势及由于人贪婪的本性而带来的机会；巴菲特炒作在乎的是基本面和未来的发展预期，他是借助人本身的恐惧，趁人不备拿到筹码，然后在其他人恐慌过后重新发现价值，最终在再次疯狂中抛售筹码。从周易上来说，巴菲特走的是“乾卦”的阳刚路子，索罗斯走的是“坤卦”的阴柔路子。然而，无论是乾卦路子还是坤卦路子，他们走的都是正确的路子。

如果再进行本质的划分，可以这样说，他们的资金来源不同，所以必须采用适合自己的方式。索罗斯的资金主要来自于犹太金融“大鳄”，这些人会把资金阶段性地交给索罗斯操盘，在完成操盘后撤回资金。因此，索罗斯的资金有时间限制，不能盲目亏损。相比索罗斯，巴菲特的资金则来自于普通中小股东，他的保险公司等都是他的资金来源，他的资金来源稳定，且不会如索罗斯那样被快速调来调去，这样他就能经受得起一个时间段的亏损，也就敢于在接近底部甚至还没见底时买入。他们资金来源的不同，实际上也决定了他们投资方式的不同。

投机和投资，归根结底属于方式不同但本质相同的投机方式，无论是巴菲特还是索罗斯，本质上说，都是看准机会，然后投出去，这实际上都是投机；只是因为两个人资金来源不同、选择的目标不同以及选择的方式不同，而被打上了不同的标签而已。作为一个资本市场的投机者，无论是巴菲特的方式还是索罗斯的方式，都是他们自己的方式，我们同样要找到适合自己的投机方式，而这种方式同样要根据外部环境的不同而做出调整。一个动态的、自我的投机方式，才是投机者应该追求的股市生存方式。

再说第二点。之所以所谓的“价值投资”称道市场，而“价值投机”极少被人提及，归根结底在于利益。机构、庄家之所以倡导价值投资，是因为价值投资被赋予了买蓝筹股、买了就要长期持有的市场含义，结果就变成无论何时买蓝筹股都是对的，无论什么时候买股票，都要长期持有。这样的结果使得不明就里的投资者最终选择高价的蓝筹股，成了顶部站岗的哨兵；买入之后长期持有，一直持有到坐一趟极其昂贵的过山车。而“价值投机”则与价值投资不同，价值投机倡导的是，当趋势向好时才买入，当有阶段性机会时才买入，一旦到了该卖出的时候就果断卖出。这种方法正是主力的运作方式。如果普通投资者也如此运作，主力又如何顺利吸货和出货？所以，“价值投机”的理念从来都不被推崇，被推崇的都是冠冕堂皇的“价值投资”。

笔者在《黄金游戏(一)——从 A 股获利》中的第九章第四节，专门论述了 A 股市场关于“价值投资”的谬误。价值，被分为使用价值和交易价值，其中，我们平时所说的是交易价值。而交易价值是随着空间、时间与使用者的变化而变化的，脱离空间、时间和使用者来谈交易价值，没有任何现实意义。

客观上，炒作的过程就是一个“交易价值发现”过程(这样的过程也可能只是一个噱头炒作)。只有在别人未发现时发现、在大家发现时持有、在大家狂热时退出，才是正确的股市操作之道。

三、技术

谈到技术，很多人会不屑一顾，原因很简单：中国是政策市，技术无用。这是一个彻彻底底的谬论。打个比方，公路自行车赛和山地自行车赛都是自行车比赛，不同的是，使用的自行车有差别，需要的技术有差别。但是，毫无疑问，这两种比赛的工具都必须是自行车，都必须有好的自行车技术，否则靠两条腿跑，那属于铁人三项赛或马拉松；如果自行车技术不好，别说比赛，就连一个赛段也骑不下来。这里的技术就像自行车，不同的是，两种自行车会有些不同，但无论环境再怎么变化，自行车比赛的前提首先就是，必须有自行车。延伸到股市，炒好股必须自身有炒股技能，否则赔钱都不知道怎么赔的。

技术需要不断地学习和修炼，它来自于两个方面：(1)通过实践中的经验教训总结得出的实战技能；(2)从书本上学习的前人经验。这两种方式是人类获得技能的最重要途径，股市也不例外。股市中的实践是需要金钱的，实践学习成本太高，而且在没有任何基础的情况下进入，很容易迷失自己，不知所措。对于股市技术的学习，个人的建议是先阅读相关书籍，了解并熟悉这个市场，看看到底是怎么回事；然后，再理论结合实践，通过理论学习前人的经验教训，通过买卖实践来提高自己的技能。理论的学习可以提高个人的知识高度，而实战买卖则是检验理论学习的成果，这种学习、实践、总结、再学习、再实践、再总结……的循环，是一个渐进的过程，没有止境。

在《黄金游戏(一)——从A股获利》中的第三章，笔者对技术进行了详细阐释。其中，很关键的一点就是，技术一定要遵守“自然法则”。什么是自然法则？就是自然规律。任何事物都有其内在的规律，而且这种规律会随着外部环境的变化而产生一定变化。所以，从某种意义上说，技术理论一定要与时俱进，一定要随着外部环境变化而更新。孙子兵法有云：兵无常势，水无常形。其实，股市技术本身也没有一成不变的东西，在懂得基本元素之后，必须对其进行活学活用，加以灵活的变通。

技术是投机的根基，是投机必须具备的技能，投资者必须在技术上下足功夫，否则整体技能无法有效提高。

四、政策、心态、理念、技术之关系

在前面章节中，我们详细介绍了各种影响股市的政策，这里不再赘述。本节,我们浅析了心态、理念与技术[更为详细的内容,可参考《黄金游戏(一)——从 A 股获利》]。心态、理念、技术这三项内容都属于内部修炼范畴,而政策则属于外部环境范畴,投资者只有内外结合,才能实现在股市中的游刃有余。下面,我们就阐释一下它们之间的关系。

先说内在。心态是人的心理状态,而人的心理状态一定会影响正常的思维,也就一定会影响到自己的行为。也就是说,在股市中,投资者的心态直接影响到其技术的发挥。从某种意义上说,心态是否平稳是技术能否良好发挥的关键。相反,技术同样也会对心态产生作用;投资者技术水平越高,心中就越有底;心中越有底,心态就越稳定。心态与技术相辅相成。而理念对于心态和技术来说,则有着更大的潜在指导作用。理念是否适合市场,决定着技术能力发挥的效果,而技术能力发挥的效果又会影响到投资者的心理状态。理念对心态同样有宏观调控的作用,如果有一个正确的投机理念,投资者对市场的理解就会更深刻,对心态的影响也就更正面。

心态、理念、技术三者的关系剖析开来其实很简单,心态与技术其实就是一个相辅相成的硬币两面,而理念则是让这两面保持正确和平衡的上层建筑。这三个重要元素是投机者内在修炼的根本。

再说外在。政策是外部环境,这种外部环境不会以个人意志为转移,但作为一个有经验的投资者,可以根据形势做出自己的预测判断。政策,对市场有着很重要的指向作用。例如,在中国股市,管理层对股市的态度就能决定政策的走向,而政策走向又影响着股市走向。我们可以拿近几年的行情作例子:2007 年 5 月 30 日,印花税提高 200%,直接致使大部分个股见顶。而后,连续三四个月的蓝筹行情,又把股指推高了两三千点。但是,八九月份监管部门停止审批新基金,央行开始从紧的货币政策,直接导致市场资金面吃紧,沪市大盘终于在 10 月份的6 124点见顶。2008 年,股指连续快速下挫,大盘在不到一年的时间内,下跌超过 7.5 成。在下跌期间,出台了大幅降息以及大幅降低印花税的策略,最终四万亿元的投资刺激市场雄起。当然,对市场形成最大刺激的还是宽松的货币政策。笔者将形成自2008年10月底开始的反弹原因,归结为三个主要因素:超跌、资金充裕与政策面向好。在这三个主要因素中,资金面和政策面都属于政策决定的范畴。具体到板块个股,产业发展的政策、规划又是决定产业发展的潜力和方向,当然,受到政策扶植的产业将会迎来更大的发展机遇。

其实,炒股就是一个内外结合进行判断操作的活动,这样的活动必须对市场进行综合性判断,然后根据判断做出相应决策。当然,也要做好出现意外时的防备措施。炒股与其他任何事情并无根本性的区别,只是股市更易赤裸裸地暴露人性中的弱点,而克服这些弱点就是立足于这个市场的根本。

现在,对这个议题做一个总结。炒股,是外在判断、内在修炼与股市本身的三位一体,只有三者结合,才能实现有效把握。炒股,投资者必须首先结合外在政治、社会、经济、政策环境,结合客观的技术趋势来对未来走势进行综合性判断,这种判断必然且最终会表现在盘面上;然后,我们根据判断理清决策思路,对每一步的运行做出一个预估,然后决策。当然,决策时必须考虑保障系统和应变系统,即一旦出现判断失误,以什么样的方式脱离[这里所说的方式,其实就是《黄金游戏(二)——熊市能赚钱》中的壁虎断尾理论];一旦出现不符合预期的走势,如何重新整理思路和重新判断部署。有了这样一个整体步骤,面对股市,我们的大脑就会保持清醒,就会知道在后面的博弈中如何运作。

小　结

1. 在笔者看来,股市中的"彼"主要包括五方面内容:外部政治经济环境、政策面、市场资金面、市场技术面、市场参与者结构。应该说,这五方面内容基本涵盖了股市中"彼"的主要内容。

2. 股市就是一个聚集了千千万万个人的游戏场。在这个世界中,每一个新的发现、新的发明、新的政治事件、新的行业、新的产业、新的公司等,都意味着新的机会,都可能对市场带来或大或小的影响。

3. 万事万物,如果我们想从中取巧,必然要知道其内在运行的机理,以及机理中各个重要元素之间的作用关系。作为一个资本市场的投机者，我们同样需要了解资本市场的机理，需要熟悉其内在的运作机制。

4.21世纪是一个信息高速传递、经济高速发展的多元化社会，作为生活在21世纪的一个经济型社会人，个人认为，必须具备如下经济文化素质：(1)了解一些经济学方面的基本知识。(2)了解主要大国之间的博弈关系，譬如中美、美俄、中日、中欧、欧美、欧日、俄日、俄欧等；了解关系到世界能源、政治变化的世界焦点问题，譬如朝核问题、伊核问题、中东问题，巴印关系、中国大陆与中国台湾的关系演变等。(3)了解国际经济游戏规则的变化。(4)了解科技发展的方向及对人类发展的影响。(5)熟悉国家宏观经济政策、货币政策、财政与税收政策、产业政策、股市政策。(6)掌握投机的市场技术，这一点至关重要。(7)熟悉市场参与者的情况。

5. 要提高自己的投机素养，投机者必须做好如下四点：(1)保持阅读习惯；(2)保持独立分析的习惯；(3)掌握投机技术；(4)掌握国内宏观经济政策、货币政策、财政和税收政策、产业政策及股市政策。做好这四点，一个成熟的投机者就差不多成形了。

6. 影响A股的政策主要包括五个方面：宏观经济政策、货币政策、财政和税收政策、产业发展政策及资本市场本身的政策。这五项政策可以说是影响A股走势的根本所在。A股的政策市主要也是指这些政策。

7. 以往，中国股市运行与宏观经济运行的关联性并不是很大，其根本原因在于，中国股市本身存在较大问题。随着股市制度的完善，以及投资者群体越来越广泛，其与宏观经济的关联性也越来越大，晴雨表的作用也会越来越明显。

8. 其实，股市就是股票供给与资金供给的游戏[有关详细内容，请参考《黄金游戏(一)——从A股获利》的“供需决定股价”章节]。当股票供给需求的资金量大于股票市场资金的实际供给量时，股价跌；当股票供给需求的资金量小于股票市场资金的实际供给量时，股价涨。股票的资金供给量取决于政策对资金控制的态度。例如，宽松的货币政策会增加整个市场的资金供给量，当然也就会增加资本市场的资金供给量；当这种货币供给量充足时，又会吸引部分居民和企业存款来加入这个投资队伍。所以，从某种意义上说，货币政策决定着资金的供给。从这一点上引申，货币政策就是影响股市走向的最重要的因素之一。

9. 投资者需要注意的是，货币政策与股市并非呈现完全吻合的波动对等关系，而是在它们之间，有一个相对滞后的作用时间。

10. 股市本身有其运行的内在规律和趋势，一种趋势必须在其运行结束后才会改变。

11. 对股市来说，积极的财政政策意味着两方面内容：(1)对股市来说，至少会迎来局部机会，因为政府突然大幅增加支出，必然会带动一些行业的复苏，促进这个行业的发展。(2)积极的财政政策能够带动市场信心，带动地方政府、民间资本追加投资，从而对刺激经济有乘数效应。特别是对于基础建设较为薄弱的中国来说，这个乘数效应更大(但是，2008 年的乘数效应小于 1998 年的，因为无论从经济规模还是从基础设施来讲，两者都不可同日而语)。

12. 中国在未来 10 年的发展重点仍是第二产业，但第三产业发展空间巨大。

13. 炒股炒的是未来，是预期，因此，产业发展的空间、趋势以及国家政策对产业发展的刺激对股市至关重要，市场时刻关注着产业发展动向及相关产业政策，而产业政策的变动可能会带来新的机会和风险。因此，投资者要密切关注产业政策的走向，并根据走向做出自己的投资决策。

14. 根据其特性，笔者将证券市场的政策主要分为三类：影响深远的改革性政策、影响市场走势的政策和影响板块个股的政策。

15. 在股市中，特别是正在快速发展的股市中，经历一个阶段之后，必然会有新的改革性措施出台，用以改善以往发展中遇到的重大问题。这种改革将会非常深远地影响后面的市场，有时甚至直接刺激一轮牛市和一轮熊市。

16. 政策可以改变市场的供求关系[具体内容原理，参考《黄金游戏(一)——从 A 股获利》]；而改变供求关系，就可以改变股市的运行趋势。根据这样的原理，投资者要判断政策如何左右市场，就看政策本身是如何影响股市供求关系的；根据这种供求关系，就能判断出未来行情的走势。

17. 影响市场走势的政策虽不是市场走势的决定性因素，却能从某种程度上改变阶段性市场走势，是投资者必须注意的市场政策。根据笔者的经验，这种政策经常会出现，只是如果不仔细分析，投资者有可能不会注意到这种政策的存在，它却实实在在地影响着市场。

18. 影响板块个股的政策主要包括相关部门推出新的交易品种、新的交易规则或新的鼓励政策等，它们可能对部分板块个股产生有利或不利的影响。

19. 在股市中，最容易引起失败的不是技术，而是不能客观地对待行情的变化，不能快速地否定自己，投资者常会把自己的喜好带入股市。

20. 要想把股票炒好，就必须努力克服这些人本身的情感特性。从某种意义上说，在股市里要抛弃个人情感，做到“冷血”。买股票不是为了与股票“谈恋爱”，而是通过股票来赚钱。买入股票和卖出股票要根据事实来做出决断，而不是根据自己的情感。

21. 投机和投资之所以在证券市场被人为划分，其根本原因又是为何呢？个人认为，这主要是因为两点：一是两者风格不同；二是两者给话语权者带来的利益支点不同。

22. 投机和投资，归根结底属于方式不同但本质相同的投机方式，无论是巴菲特还是索罗斯，本质上说，都是看准机会，然后投出去，这实际上都是投机；只是因为两个人资金来源不同、选择的目标不同以及选择的方式不同，被打上了不同的标签而已。作为一个资本市场的投机者，无论是巴菲特的方式还是索罗斯的方式，都是他们自己的方式，我们同样要找到适合自己的投机方式，而这种方式同样要根据外部环境的不同而做出调整。一个动态的、自我的投机方式才是投机者应该追求的股市生存方式。

23. 客观上，炒作的过程就是一个“交易价值发现”过程(这样的过程也可能只是一个噱头炒作)。只有在别人未发现时发现、在大家发现时持有、在大家狂热时退出，才是正确的股市操作之道。

24. 技术是投机的根基，是投机必须具备的技能，投资者必须在技术上下足功夫，否则整体技能无法有效提高。

25. 炒股，是外在判断、内在修炼与股市本身的三位一体，只有三者结合，才能实现有效把握。炒股，投资者必须首先结合外在政治、社会、经济、政策环境，结合客观的技术趋势来对未来走势进行综合性判断，这种判断必然且最终会表现在盘面上；然后，我们根据判断理清决策思路，对每一步的运行做出一个预估，然后决策。当然，决策时必须考虑保障系统和应变系统，即一旦出现判断失误，以什么样的方式脱离[这里所说的方式，其实就是《黄金游戏（二）——熊市能赚钱》中的壁虎断尾理论]；一旦出现不符合预期的走势，如何进行重新整理思路和重新判断部署。有了这样一个整体步骤，面对股市，我们的大脑就会保持清醒，就会知道在后面的博弈中如何运作。

第三章　应变第三

第一节　何为“变”

“变”者，“异”也，亦即变化多端。任何事物，其变化都是绝对的，静态则是相对的。既然世界是动态的，事物发展也是动态的，那么，应对的方法同样应该是动态的。根据事物的变化随时做出调整，以变制变是行事的真谛所在。《孙子兵法》中专门把“九变”作为一章进行描述，可见懂变、应变之重要。

再来看看什么是股市中的“变”。

对于股市，投资者首先必须认清一点——股市的根本特性之一，就是其动态性。股市是不断变化的，甚至相对于其他事物来说，它的变化更频繁、更快速、更剧烈。其实，在事物的演变中，机会与风险皆出自这个“变”字。从量变到质变，可以向好的方向发展，也可以向坏的方向转换；对变化的受体来说，变化结果的好坏，完全取决于受体如何以变制变。炒股尤其如此。股市是动态的，投资者必须以动态的目光去看待，以动态的技巧去操作，利用它变化的根本性为自己谋利。举一个最简单的例子，当一波行情启动时，这是趋势向好的方向在变，投资者抓住这样的机会就可实现盈利；相反，当一波行情见顶，这是趋势向坏的方向在变，投资者就该快速做出反应，尽早卖出以避开风险，直到下次再向好的趋势改变为止。关于这一点，生活中的例子比比皆是。

认识变，当然应该了解与它相对的不变。要想真正把握相对的不变，就必须深谙变的绝对性。作为一个投机者，必须懂得事物运动的绝对性与静止的相对性之间的关系。通过上面的文字，我们知道了世界万物变化的绝对性，这就决定了股市变幻莫测的本质。那么，又该如何认识不变呢？我们知道，变是绝对的，不变是相对的，那么这个相对的不变是什么？其实，不变，从本质上讲是变化中某个阶段保持某种相对稳定的状态不改变，这种稳定的状态与变的本质形成一种相对关系。这种不变就是剧烈化学反应后相对稳定的状态，同时，也是当我们认清某种事物的本质和规律后采取的相对稳定的应对措施。例如，当我们在股市操作中形成了一套完整的系统性方法，在发现这个方法不再适用以前，或者说，当行情保持在相对稳定的范围内运行时，我们对这套方法的使用是不变的。不变与变是一个系统的辩证关系。这就像八卦阴阳，阴中有阳，阳中有阴，阴阳互转；套在变与不变的关系上，即变含不变之表象，不变蕴变之根本。

我们在这里拿一波行情趋势来作例子，理解变与不变在股市中的运用。当趋势由跌或盘整转为上升时，是相对不变到变的开始，也是因变而生的机会，投资者可以通过对变的觉察择机介入，持股待涨。买入后，市场依然是变化和动态的，只要行情不发生趋势性的改变，就可以认为行情会一直向好，相应可以继续持股待涨，直到新的变化出现（此时不变的是向上的趋势）。在这个过程当中，作为投资者，一方面在确认趋势不变的情况下策略不变，一方面要以动态变的思维去观察股市，一旦发现市场有了趋势性的变化，就要及时改变策略。当然，这只是一个变与不变较为宏观的模型，对于细节来说，这种变与不变的切换更为频繁，与这种变化相比，其变与不变的辩证关系又是不变的。

笔者曾经在文章里不止一次说过：炒股是一个控制情绪、控制变化与不断变化、不断否定自我和肯定自我的过程。所谓控制情绪，是指无论股市如何变化，情绪都要尽量保持平稳，控制自己变化的节奏，但必须以不断跟随市场变化的思维模式来带动这个节奏；不断否定自己和肯定自己，是指必须在合理判断范围内肯定自己，并且一旦发现危险，马上否定。投资者要想在投机市场中成为赢家，必须适应和掌握这种辩证的变与不变。

第二节　如何“变”

所谓如何变，亦即如何应变。进一步解释就是如何随着环境、条件等外部因素的不断变化，采取相应的措施加以应对。应变是集知识、智慧、反应和经验四种属性于一体的技能，这种技能是人的生存之本。浓缩在股市，就是集股票知识、个人智慧、市场反应及操作经验这四种属性于一身的操作股票技能。

那么，在股票市场，应该如何应变，如何锻炼自己的应变能力呢？

股票市场的应变与其他任何事物的道理相同，无非分如下几步：

第一步，对事物做出未来趋势的判断；

第二步，根据判断做出策划和计划；

第三步，做出一旦出现判断失误或意外情况的应对措施；

第四步，决策实施；

第五步，根据决策实施监控实施效果，最终达到预期。

用股票术语描述上面过程就是：

第一步，对大盘趋势做出判断，可为则为，不可为则避；

第二步，根据判断选出相应板块并选择介入时机；

第三步，做出风险防范措施，例如，止损等；

第四步，实施买入操作；

第五步，买入股票后，观察其是否在正常的轨道上运行，一旦发现股票趋势改变或达到自己的预期目标，立即卖出。

这就是整个应变大的流程步骤。

作为一个投机者，又该如何锻炼自己的这种能力呢？

1. 学习股票市场的相关知识，知道什么情况下可为，什么情况下不可为，同时要思考如何利用市场现有的条件作为。

2. 不惧怕市场，在控制好风险的情况下勇于实践，敢于买卖。控制风险的内容包括：在未掌握技术的情况下不可大笔买卖，在判断失误的情况下要敢于止损等。

3. 积累经验教训，思考操作过程中的得失，教训避免再犯，经验留下备用。

4. 以不变应万变。以不变应万变是应变能力的最高境界，是可以将变与不变相互转化自如的状态，如果能达到这种境界，将无坚不摧。如同武林高手在面对别人攻击时，他可能根本不躲闪，直接通过极其简单、极其实用、极其快速的招式将计就计一招制敌，这就是以不变应万变；再比如，自然界中很多动物在捕猎时经常是伪装后一动不动，直到把目标锁定在有绝对把握的范围之内，迅速出击，一击即中，这也是一种以不变应万变。通俗点讲，以不变应万变实际上是将应变的程序变成了自身的本能。这种过程在股市中也可体现，例如，一个炒股高手在遇到好机会时会迅速出手，如果判断失误则会果断退出，这一过程不再需要深思熟虑，已经成为一种市场本能。

第三节　逻辑、现象、辩证、判断、决策、应变

对于大多数投资者而言，股市是一个很陌生的世界，绝大多数投资者只知道股市的涨跌，却不知道股市为什么涨，为什么跌，更不知道未来是涨还是跌，可以说，对这个市场的认识完全处于模糊状态。之所以出现这种状态，是因为对这个市场的无知，是因为不懂得市场规律，不懂得作用于市场的因素，不懂得如何判断、如何决策、如何应变所致。

对于这一点，笔者曾经同样困惑；经过学习、思考、磨炼，终于找到了一个相对系统性的方法，一个对于投资者能有切身帮助的方法。在这里，笔者将做进一步介绍。

笔者将整个炒股的过程分为思维、判断、逻辑推理步骤，包括买卖、应变步骤，总结为六个详细步骤：

1. 逻辑，即逻辑推理。就是投资者将当下自己能够掌握的所有市场关键因素结合在一起进行逻辑推理，通过推理得出个人对市场判断的根据。

2. 股市盘面现象，即市场走势图形。在笔者看来，每一个市场作用元素都是一个市场向量，而市场向量之和必然也必须表现在市场盘面上。通过现象即可对市场所处的趋势、市场蕴含的变化以及市场未来走势存在的各种可能性有一个技术性的判断。

3. 辩证，即投资者将通过逻辑推理得出的结果与股市盘面上的现象进行辩证，通过辩证来确认前面的判断是否正确。如果不正确，那么问题出在哪里？然后通过修复前面的推理，再次得出新的结果，继续辩证，直到这种辩证与市场所表现出来的基本契合为止。辩证的功能就是修正初期判断与盘面的误差，使得经过修正后的判断更接近市场本身，从而得到更为准确的判断。

4. 判断，即判断确认。经过上面的逻辑推理、现象分析（即技术分析）以及辩证和修正，最终可得出判断结论，从而确认判断，并以此作为操作依据。

5. 决策，即买卖决策。经过前面几个步骤，最终必然有一个判断确认的结果，可为则为，不可为则不为。一旦做出抉择，就要迅速行动。

6. 应变，即出现意外或判断错误的应变措施，这是投机的安全保险。只有这个安全保险随时保持功能正常，才能在出现意外时不致陷入泥潭。否则，在投机市场中随时都可能被吞噬。应变实际上是一个系统，而应变系统策略必须在买卖决策前完成其措施与部署。

这是一个科学的思维决策体系，投资者在学习投机的过程中，如能掌握且运用自如，必然能如虎添翼。虽然这一章节文字不多，寥寥数言，却蕴含笔者之前一二十年苦读、苦思与苦练的精华。这种方法体系绝对在任何书籍中都找不到任何一点与之相关的踪迹，为“黄金游戏”系列所独有。

第四节　炒股之最高境界

很多读者、博友问笔者：炒股的最高境界是什么？这的确是一个难以回答的问题，因为笔者也远未达到这样的最高境界，在这里，只能以有限水平来论这无限的“最高境界”。

在论这个最高境界之前，笔者以为，必须讨论一下什么是“最高境界”。何谓“最高境界”？恐怕问100个人会有100个答案；问1 000个人，会有1 000个答案。每一个人对“最高境界”的诠释都不同。股市里，有人以盈利率来作为衡量尺度，认为最高境界即赚钱最快；有人以价值投资为投资理念标杆，认为巴菲特就是最高境界。笔者以为，这些“最高境界”似乎都与己无关。如果以赚钱最快为标准，那何为赚钱最快？如果以巴菲特为标准，那岂不是自己跟自己过不去？这种最高境界在笔者看来没有任何意义。

那么，什么才是笔者心目中的最高境界呢？

个人认为，炒股的最高境界必须具备两点：

1. 超脱的思想。即不让市场涨跌来左右自己，不让股市来左右自己。亦即“不存在大起大落、大喜大悲之负累，任凭生活股市扑朔迷离，股市生活依然波澜不惊。让生活因为股市而精彩，却不要股市成为生活的负累”。这也是“黄金游戏”系列的精髓所在。如果能够如此超脱，就不会被股市所困，就不会去与市场赌命，就不会将自己陷入不能自拔之境地。事实上，市场中绝大部分投资者都难以实现这种超脱，包括笔者也没有完全达到这种境界，只是努力向这个状态靠拢。市场中，因为与市场赌博，家庭失和、危害健康、甚至病发丧命者有之；连续赢，赢得让自己手软、让世界眼红者有之；一朝事发，或身陷囫囵，或流落他乡，甚至命丧黄泉者有之。导致这些结果的原因，无外乎思想之不能超脱。

2. 成为本能的炒股技能。之所以称为本能，是个体本身对市场之熟悉达到无以复加的地步，使逻辑、现象、辩证、判断、决策、应变的整个系统变成个体自身的条件反应本能，就像一个编辑好的程序，只要你输入参数，就会马上输出结果。这种本能是多年修炼、实践的结果，拥有这种本能的唯一途径就是学习、实践、再学习、再实践……一直持续下去。

拥有如此超脱之思想，再拥有如此本能之反应，那不是最高境界又是什么？所以，这就是在笔者眼里股市的最高境界。

小　结

1. 任何事物，其变化都是绝对的，静态则是相对的。既然世界是动态的，事物发展是动态的，那么，应对的方法也应该是动态的。根据事物的变化随时做出调整，以变制变是行事的真谛所在。

2. 对于股市，投资者首先必须认清一点——股市的根本特性之一，就是其动态性。股市是不断变化的，甚至相对于其他事物来说，它的变化更频繁、更快速、更剧烈。

3. 认识变，当然应该了解与它相对的不变。要想真正把握相对的不变，就必须深谙变的绝对性。不变与变是一个系统的辩证关系。这就像八卦阴阳，阴中有阳，阳中有阴，阴阳互转；套在变与不变的关系上，即变含不变之意，不变蕴变之根本。

4. 炒股是一个控制情绪、控制变化与不断变化、不断否定自我和肯定自我的过程。所谓控制情绪，是指无论股市如何变化，情绪都要尽量保持平稳，控制自己变化的节奏，但必须以不断跟随市场变化的思维模式来带动这个节奏；不断否定自己和肯定自己，是指必须在合理判断范围内肯定自己，并且一旦发现危险，马上否定。投资者要想在投机市场中成为赢家，必须适应和掌握这种辩证的变与不变。

5. 应变是集知识、智慧、反应和经验四种属性于一体的技能，这种技能是人的生存之本。浓缩在股市，就是集股票知识、个人智慧、市场反应及操作经验这四种属性于一身的操作股票技能。

6. 作为一个投机者，锻炼自己的应变能力包括四方面内容：(1)学习股票市场相关知识，要知道什么情况下可为，什么情况下不可为，同时要思考如何利用市场现有的条件作为；(2)不惧怕市场，在控制好风险的情况下要勇于实践，敢于买卖；(3)积累经验教训，思考操作过程中的得失，教训避免再犯，经验留下备用；(4)以不变应万变。

7. 笔者将整个炒股的过程分为思维、判断、逻辑推理步骤，包括买卖、应变步骤，总结为六个详细步骤。(1)逻辑，即逻辑推理。(2)股市盘面现象，即市场走势图形。(3)辩证，即投资者将通过逻辑推理得出来的结果与股市盘面上的现象进行辩证，通过辩证来确认前面的判断是否正确。如果不正确，那么问题出在哪里？然后通过修复前面的推理，再次得出新的结果，继续辩证，直到这种辩证与市场所表现出来的基本契合为止。(4)判断，即判断确认。(5)决策，即买卖决策。(6)应变，即出现意外或判断错误的应变措施，这是投机的安全保险，只有这个安全保险随时保持功能正常，才能在出现意外时不致陷入泥潭。

8. 个人认为，炒股的最高境界必须具备两点：超脱的思想和成为本能的炒股技能。

第二篇　底部买入方法

第四章　底部识别与“抄底”

在《黄金游戏(二)——熊市能赚钱》中,笔者阐释了部分关于趋势以及顶部的内容。读者从中可以知道,趋势是理解顶部和底部的核心,而顶部和底部是一个趋势中的上下两极,并且顶部和底部在技术形态上有很多相似之处。所不同的是,它们一个在顶部,一个在底部,而且图形在趋势中是相反的。例如,图 4.1 显示了民生银行(600016)在 2007 年下半年形成的三重顶形态,图 4.2 显示了民生银行(600016)在 2008 年底至 2009 年初形成的三重底形态。

股市运行,在底部真正出现以前,谁也无法准确预计底部在哪里,因为可以影响股市的因素太多,并且这些因素还在不断变化。我们能做的只是推测,然后根据形态进行更进一步、更接近事实的推测。根据这样的推测,相对来说,成功率会很高,基本上可以判断出底部的位置。这一点和判断顶部的道理相同。

炒股,不但要求投资者会买,还要求会卖,在《黄金游戏(二)——熊市能赚钱》中,大量介绍了卖的技术。在此,笔者还将大量介绍买的技术,特别是底部的买入与持有技术。

对于底部,投资者必须充分了解,它与顶部及其他技术判断相同,有级别周期之分。例如,5 分钟 K 线的底部形态或 15 分钟 K 线的底部形态,可能就是一波小行情的底部,对于短线操作具有一定参考意义。不过,与底部判断道理相同,小级别的底部变化性较

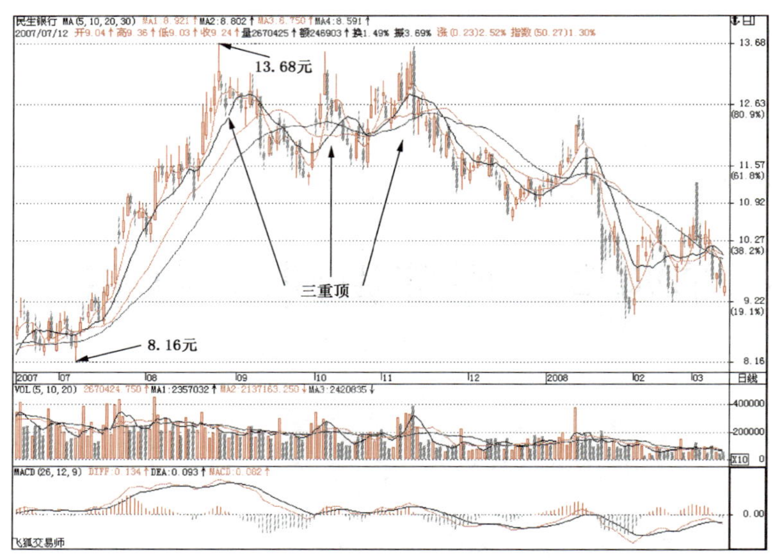

图 4.1

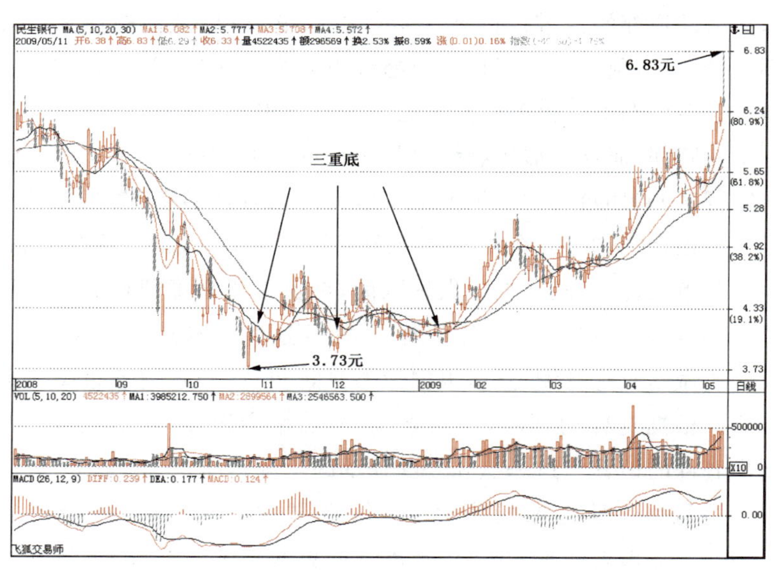

图 4.2

大，随时可能因为某些特殊因素而成为失败的底部形态；相对来说，大级别的底部更为可靠。图 4.3 显示了沪市大盘在 2008 年下半年到 2009 年上半年形成的头肩底形态，其间还蕴含着一个在 2008 年底形成的失败的小的头肩顶形态。

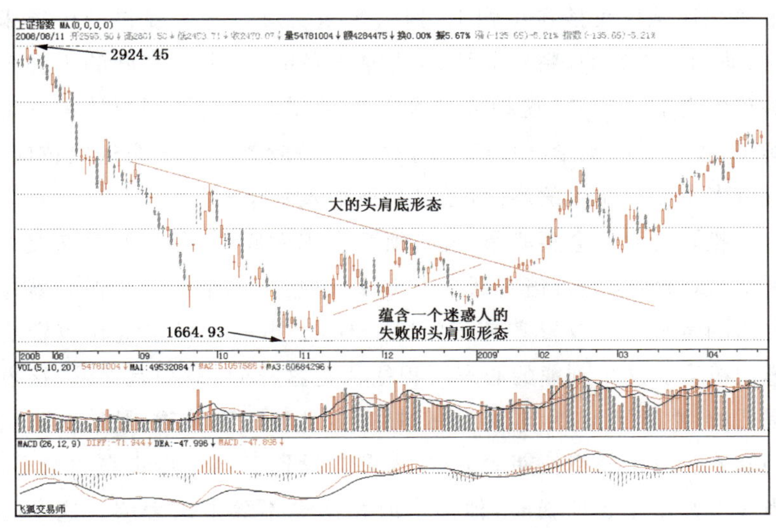

图 4.3

自 2008 年 10 月见底后至 2009 年 6 月，沪市大盘涨幅已超过七成，部分个股出现两倍以上的涨幅。从图中我们可以看到非常清晰的底部形态，投资者若抓住这样大的波段机会，几乎可以在没有太大风险的情况下实现超额盈利，这种大机会是投资者在市场中应该抓住的。

关于“抄底”，笔者必须得说两句：很多人理解的抄底，就是抄到最低点，这大错特错。从技术上讲，只要买在底部就叫抄底。那么，怎样才能买在底部呢？客观地说，买在底部，就是指在底部基本确立后买入。底部确立一定不是指最低点，而是安全性相对较高的低点。对于投资者来说，这样的低点才是真正的有操作价值的位置，也是安全系数相对较高的低点，当然就应该是进行“抄底”动作的位置。在下面的章节，笔者将着重介绍底部形态的识别，以及最常见的底部形态。

第一节　如何识别底部及筹码集中

各种媒体以及大多数投资者，经常喊的两个字就是“抄底”，可事实往往是抄底抄在山腰上，损失惨重。对于一个投机的市场来说，波动是必然的，特别是中国这种新兴市场，由于制度的不健全和投资者的不成熟，这种波动性会更剧烈。在这种剧烈波动的市场里，投资者必须学会在适当的时候买卖股票。不学会这些技能，投资者就像股海里的浮萍，迟早会被翻入海底。

投资者要学会买股票，就必须学会识别底部，包括熊牛交接的底部，以及阶段性行情底部。牛市使人疯狂，熊市使人恐惧。就像牛市的贪婪会让投资者忘记风险一样，熊市的恐惧也会让投资者忘记机会。从牛到熊的心态历程往往是这样的：最初是懊恼，接着是后悔，然后到希望，再从后悔到恐惧，又到些许希望，最后从恐惧到麻木。由于熊市长期的下跌，大多数投资者会一步步丧失信心。当股市开始见底反弹时，他们不敢相信也不敢报以奢望。这个时候的投资者，如惊弓之鸟，充满犹豫与恐惧。

而对于那些精明的、熟悉市场的投资者来说，当市场人气冷到极点，并且当大多数投资者对市场充满恐惧和怀疑的时候，就是他们开始行动的时候。大多数投资者只是待行情已经走了很远之后，才幡然醒悟，陆续加入；这个时候，那些先知者正在坐着散户抬的轿子悠然自得地赚钱，他们通常是一波行情的最大受益者，而散户往往是一波行情后的受伤者。一轮轮行情，一批批投资者，就是这样轮回再轮回。

作为一个投机者，我们该如何早于大众识别市场的底部呢？有没有合理科学的方法呢？答案是肯定的。虽然不是100％确认，但拥有这种技能，往往能够获得较高的成功率。在有止损保险措施的保护下，只要能有足够高的成功率，总体获利并不困难。下面，笔者将介绍关于如何识别底部的内容。

一、形成大底部的条件

1. 市场需要跌够、跌透

牛去熊来，一波熊市开始。如果市场无法跌够、跌透，它就难以再牛起来。有句谚语：机会是跌出来的。这句谚语用在股市上，同样是牛去熊来后的绝对真理。市场不跌出足够的上涨空间，就很难有大的行情，这是股市的规律。对于投机资金来说，一定会等到市场跌过头，价格跌到价值以下，才会大笔出手，行情也才会真正有起色。图 4.4 显示了沪市大盘自 2001 年 6 月至 2009 年 6 月的月 K 线图；从图中不难看出，机会是跌出来的。2005 年 6 月以来维持两年多的大牛市，是之前 4 年熊市跌出来的；2007 年 10 月以来开始的大熊市也是 2005～2007 年两年多涨出来的；同样，2008 年第四季度开始的一波大反弹又是 2008 年持续下跌跌出来的（当然，关于涨跌还有其他很多作用因素，这里只谈涨跌因素）。所以，大风险都是涨出来的，大机会都是跌出来的，这是市场绝对的真理。

图 4.4

2. 市场下行趋势必须改变

说到一波大熊市结束，它本身的下行趋势必须改变，如果没有下行趋势的改变，必定不会出现新的上涨趋势。但是，有一点必须说明，趋势线被突破，并不代表趋势改变。换句话说就是：趋势线被突破，趋势改变是必要条件，但不是绝对必要条件。图 4.5 显示了沪市大盘经过 2004 年初的反弹后接着出现的一轮大跌势，股指从 2004 年 4 月初一直跌至 2005 年 6 月。如图所示，在下跌趋势中，股价曾连续两次借反弹突破原有趋势线，但都没有改变下行趋势，只有第三次才形成了新的上行趋势。

图 4.5

3. 不再创新低，且量价必须出现积极信号

如果一个下跌趋势要改变，首要条件就是不再出现新低，否则就不能确认行情要转势。而且，当股价不再出现新低后，股价反弹时，必须有放量配合，才可能出现新的上涨趋势。一波跌势后，无论是大盘还是个股，真正形成新的上涨趋势，必须有成交量配合，否则就只能是下跌中继或盘整信号。如图 4.5 所示，当大盘突破原有趋势线后，股价在上涨的同时出现了放量，这就是见底的积极信号。结果，后市出现了 2005～2007 年为时两年多的大牛市。

4. 中期均线系统必须出现积极变化

均线系统是判断行情技术指标中最为关键的指标之一。看股票不懂均线，至少是失去了一个最有力的判断行情的武器。对于一波下跌趋势来说，如果真的要从下跌趋势转为上涨趋势，中期均线必然改变，没有中期均线改变的上涨，只能是昙花一现。在《黄金游戏(一)——从 A 股获利》中，笔者已经介绍，中期均线和中长期均线主要包括三条线，其中，中期均线主要包括 20 日线和 30 日线，中长期均线主要是指 60 日均线。我们来看看，在 2005 年大熊市进入大牛市的转折点上发生了什么。如图 4.6 所示，当指数开始大幅上涨突破时，首先 20 日线发生改变，出现上行态势；接着 30

日线出现了积极变化；最终60日线开始上行，彻底改变中长期趋势，一轮行情开始。这一点充分说明，对于一波较大级别的反弹，它的中期均线和中长期均线首先必须出现积极变化，否则一切都是假的。

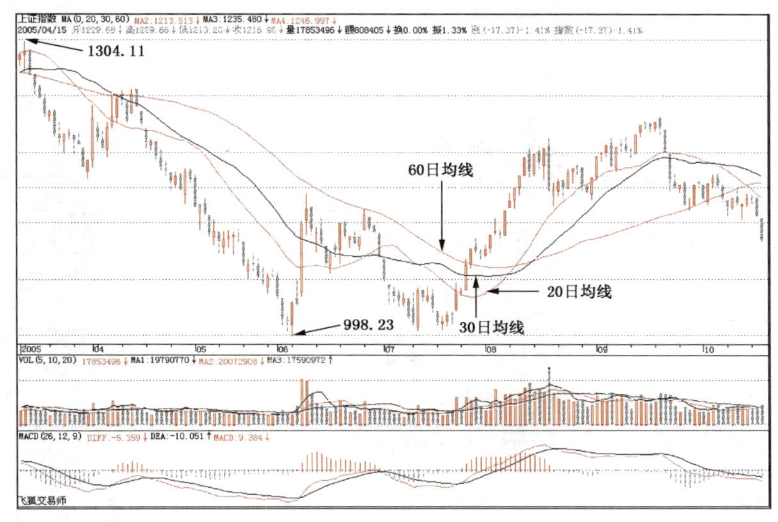

图 4.6

5. 大盘蓝筹指标股必须开始起到稳定大势的旗帜作用

蓝筹指标股是大盘的稳定剂，大盘要想止住下行趋势，其前提条件就是，蓝筹指标股必须首先止住下行趋势。蓝筹指标股在上证指数中占有极高的比重，一只蓝筹指标股对指数的影响力可顶数十只中小盘股。所以，蓝筹指标股必须先止住跌势，大盘才能止住跌势。更为重要的是，个股从大势上来说，均是以蓝筹指标股马首是瞻，蓝筹指标股从某种意义上说就是市场的旗帜，只有蓝筹指标股稳住了市场，主力才敢于去炒作市场、炒作个股。因此，从这两点上来说，大盘止跌必须以蓝筹指标股止跌为前提(不过，几只个股的力量随着大量蓝筹指标股的上市会有所分散，而且如果市场指数的计算方式有变，也会出现新的变化)。图 4.7 显示了上证指数在2008年10月的见底走势，图 4.8 和图 4.9 分别显示了蓝筹指标股的代表中国石油(601857)和工商银行(601398)，大盘在它们不再创新低的情况下筑底成功。

图 4.7

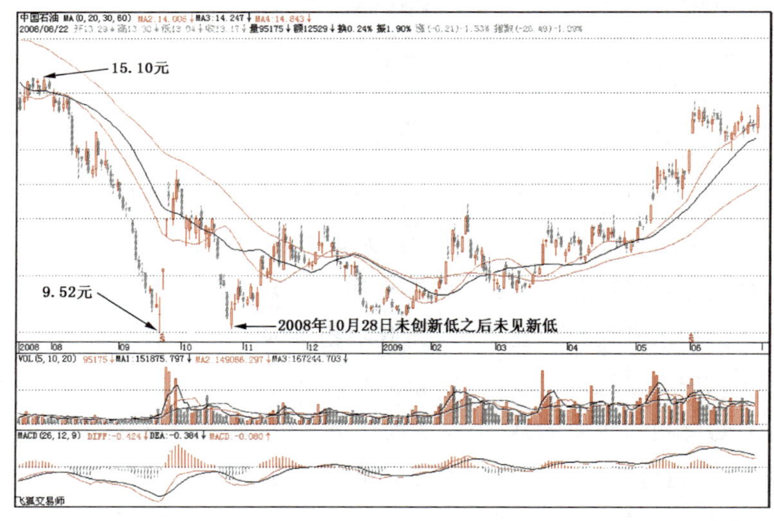

图 4.8

6. 必须开始有概念炒作的迹象

当大盘蓝筹指标股稳住后，就意味着大的市场趋势稳住，这个时候不甘寂寞的资金往往会开始以中小盘股、概念股试验性地进行炒作，特别是不需要太多资金的中小盘股，这个时候往往最为活跃。以 2008 年 10 月底开始的反弹为例，当时以 4 万亿元刺激计划

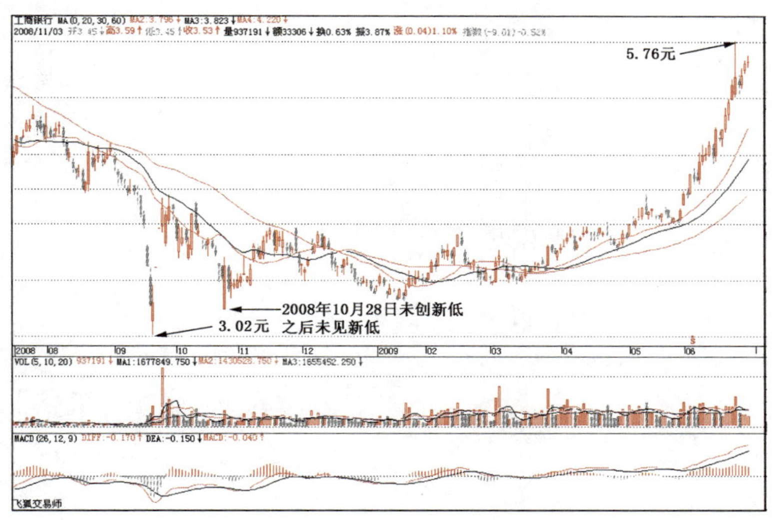

图 4.9

引起的基础建设概念股及中小盘股开始大幅反弹，图 4.10 与图 4.11 分别显示了，具有基础建设概念的中铁二局(600528)和具有一定基础建设概念同时又是中小盘股票的中路股份(600818)在 10 月底到 11 月份的走势行情。

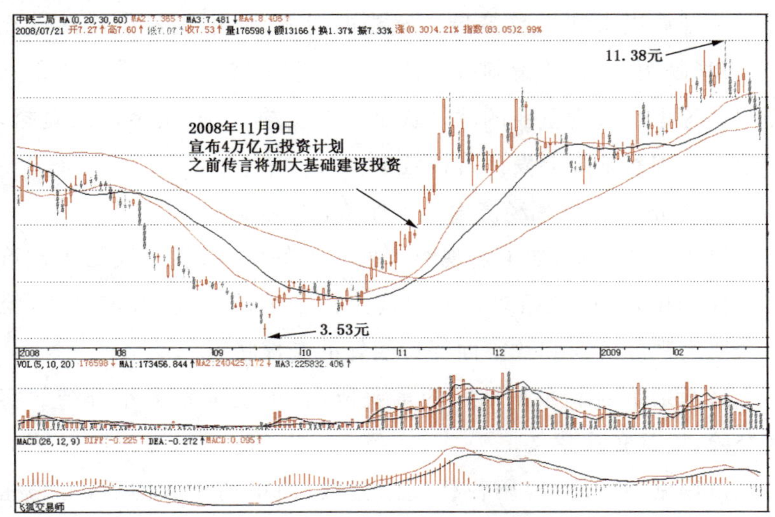

图 4.10

图 4.11

7. 资金面必须宽裕

股市是资本市场，是靠资金堆起来的。股市没有资金，就不可能上涨，不管资金从哪里来，无论如何必须有资金支撑，否则就不可能有大的行情。例如，2008 年第四季度开始的大反攻行情，就是在改革开放以来货币政策最为宽松的时候，股市正是借流动性充足、市场跌幅极大、政策刺激到位及宏观经济转好等几个重要因素而起。这里面最为重要的就是资金面的宽裕，没有资金面的宽裕，其他一切因素都不会发挥直接效应。

8. 政策面及宏观经济面至少保持较好状态

对于一波行情，如果宏观经济处于不好的预期中，或处于政策有意控制中，股市就很难放开手脚上涨。因此，一波股市见底，至少需要宏观经济面和政策面保持较好的支撑状态。

这八条是判断大盘见底的重要依据，也是笔者多年总结的实战经验，极具实战意义。

市场见顶前后，筹码往往逐渐分散；而市场见底前后，筹码往往逐渐集中。对于投资者来说，该如何判断筹码在底部的集中情况呢？

对于市场来说，资金不是一天进来的，而是经过一定时间分批投入。这里的分批有两个含义：(1)主力个人资金由于不到位，或出于资金安全考虑，会分批、分时进来；(2)主力们介入市场也是陆续进入，比如说，本周甲、乙看好市场介入，果然市场很好，那么下周丙、丁就会接着介入，这种过程会一直持续到牛市上涨结束。所以，投资者别以为机构水平如何之高，有些机构就像是资金规模大的散户，水平不敢恭维。另外，大资金进入市场，犹如大象跳进水塘，必然是水花四溅。为了尽量溅出小点的水花以避免更多人发现，唯一的方法就是慢慢介入，这样就需要时间。只有当主力开始抢筹的时候，才可能不顾一切猛吃筹码；显示在市场上，必然是风生水起。

二、大盘的筹码集中

大盘的筹码集中，通常是在一个区间内完成几次拉锯，然后才逐渐形成筹码集中的趋势。每次大盘见大底，大盘筹码一般都是以这种方式集中。图 4.12、图 4.13 分别显示了沪市大盘于 2005 年中见大底和 2008 年第四季度见大底的市场态势，此间，均是出现了几次来回拉锯后才开始展开震荡上扬的筹码集中过程。这种拉锯的特点就是上涨时大幅放量，下跌时缩量。

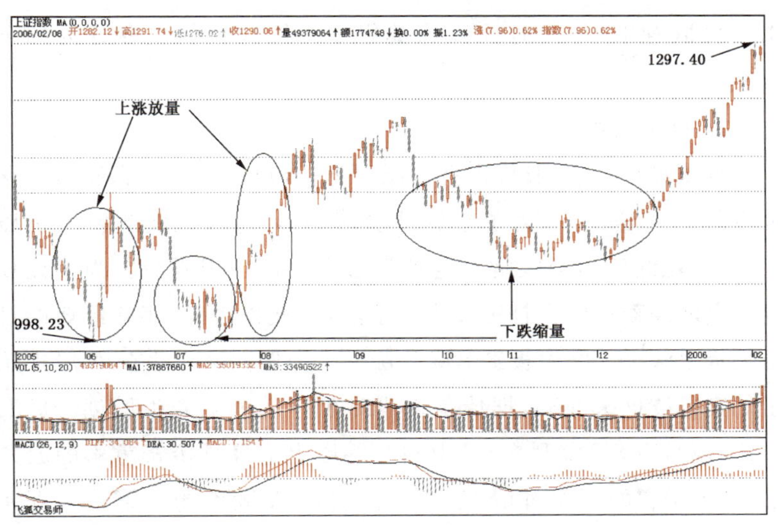

图 4.12

图 4.13

三、个股的筹码集中

个股筹码集中，简单点说就是机构吸货。如何判断机构吸货？如何发现筹码集中？其实，对于任何一个机构的吸货时间，都只能是推测，因为只有主力自己知道什么时候吸货。但从技术上可以看出，什么时候筹码被集中。机构吸货主要分为如下三种：

1. 打压吸货

打压吸货，即对股价进行打压，利用散户的恐慌进行吸货。这种吸货一般是，主力为了拿到低价筹码，通过加大卖盘将股价压低，然后在低位悄悄吸货。这种手法在股市中很常见。为了让投资者更能深刻地体会打压吸货的手法，在此以 1998 年最经典的打压吸货手法——跌停板砸盘吸货法——为例。该手法在 A 股中始于亿安科技(000008)，据传是由当时坐庄的李彪先生所创。亿安科技(现名为 ST 宝利来)是中国股票历史上最具传奇色彩的股票之一，关于它的传说可谓五花八门，它是 A 股市场上第一只百元股。从图形上看，这种洗盘手法凶悍，斩杀大户及高手几乎是兵不血刃，这种操盘手法需要操盘手具备极强的技术功底以及相当的

勇气和智慧，非一般人所能为。即使在大家都知道打压吸货的今天，也很少有主力采用如此凶悍的手法洗盘。

为了便于技术描述，我们不妨先看它的周线技术图形，图 4.14 显示了亿安科技(000008)当时的周 K 线图，此股在跌停板打压吸货前的历史高位区域为 9 元上下，而在跌停板打压吸货前夕，此股正好运行在这个区域，估计由于主力筹码不够，一直不再寻求拉升，直到跌停板吸货后才展开上攻。

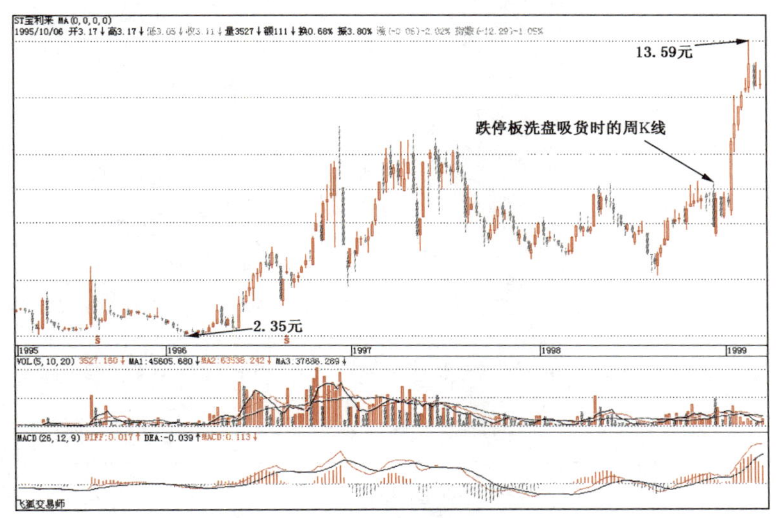

图 4.14

图 4.15 显示了亿安科技(000008)跌停板洗盘的过程。此股先经过一波拉升，然后调整，再拉升，接着是一个多月的震荡平台期，这个区域的价格就在 9 元左右，形成了攻而不破的僵持局面，市场都在等待它的拉升，所以跟风盘较多。主力接着来了一个放量的假突破，从技术上来说，这基本上算是完成了突破，或正在突破过程中，但突然一个放量的大幅震荡，股价一度跌近停板，全天大幅震荡、巨额换手，这一手一下子就把里面的跟风盘搞得晕头转向。紧接着，连续 3 天的跌停板砸盘。从量能上看，主力显然是砸盘但不压盘，在砸盘的同时，不断吃掉恐慌盘，连续 3 天近 20%的换手，主力赚得盆满钵满，但给人的感觉确实是放量出货。接着，主力快速将股价拉至前期平台下展开震荡，这个时候，跟风盘一则

不敢跟进，二则不甘心抬高自己成本，结果在震荡了两周多后，股价快速突破平台区而进入快速拉升阶段，大量之前的跟风盘赔钱丢掉筹码。实际上，在这种情况下，很难用正常技术来衡量这样的打压吸货，手法之凶狠让人叹为观止，对于有这种水平的主力来说，绝大部分人都只能是牺牲品，如果谁能和这种主力斗法，其水准也到了出神入化的地步。

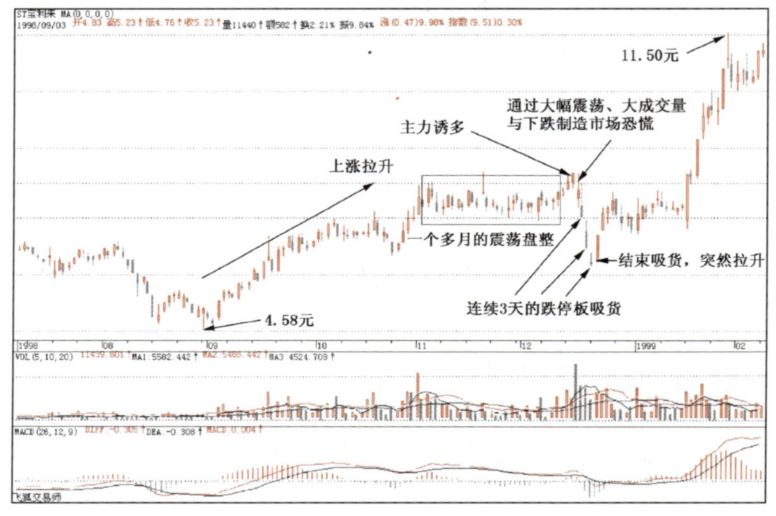

图 4.15

2. 横盘震荡吸货

横盘震荡吸货，即通过来回的窄幅震荡、拉锯逐渐吃货。这种吃货手法在市场中较为常见，也最容易把散户搞糊涂。这种吸货阶段，如果在中线，可耐心持股；如果是短线操作，可根据技术指标进行高抛低吸。大资金不可能将仓位全部建在底部，而介入后吸货必然会拉动股价上涨，为了降低成本，主力会通过打压股价，然后再吸货。表现在盘面上，就是快速上拉，然后快速下打，来回拉锯。这样的上拉下打，肯定能够震出一些恐慌盘、斩仓盘、止损盘。等到大多数投资者心灰意冷不再注意它时，主力基本上就完成了吸货，同时展开新的上涨行情。图 4.16 显示了德豪润达(002005)在 2008 年底至 2009 年初的震荡吸货行情，在进行了 3 个月左右的吸货之后，此股一路上涨达 6 倍以上。

图 4.16

3. 拉升吸货

这种手法在遇到突发利好出现抢筹时，或主力急于达到什么目的而没有太多时间(例如，资金有使用期限等)时采用。若有突发性重大利好公布，股票尚无主力大肆介入、散户仍在犹豫时，机构会集中资金先下手为强，直接将股价拉高，甚至拉至涨停。这种建仓速度，有时在几个交易日甚至一两个交易日内就能完成建仓，然后快进快出完成一个短差。如果利好属于短期利好，机构一般会很快获利撤离；若属于较为长期利好，主力在后市会采取高抛低吸的方式进行吸货长驻，择机完成一波更大的行情。拉升吸货在市场中也较为常见。特别是概念股，经常会在这种情况下发生。关于概念股的炒作，读者可参考《黄金游戏(一)——从 A 股获利》。

第二节　底部特征

底部判断对投资者来说很重要，包括一波大行情的大底和一波小行情调整时的阶段性底部。判断大底，有利于投资者权衡大资金的介入，从某种意义上说，在一波行情中，介入得越早，成本就越低，获得的收益也就越高。判断阶段性底部的意义就在于，可以提高资金利用率，在第一波行情没有介入时就能够找到二次介入时机。总之，发现底部对投资者操作具有极其重要的战术意义。下面，笔者分别对大底部的特征及阶段性底部的特征进行描述。

一、大底的特征

1. 政策底特征

A股市场就是政策市，过去近20年如此，未来至少10年也会如此，这是由它本身所处的发展阶段，以及权力层对股市的认识所决定的，短期内不可能改变；它的改变必然要通过新一代人成为权力层后逐渐完成。

A股从诞生之日起就是被利用的，所以其政策必然是围绕利用股市而展开。A股开办的初衷是为国有企业脱困，2001年的大熊市是国有股市价减持所致；2005～2007年的大牛市，是为了实现国有股的全流通。所以，市场的大顶和大底往往都与政策有关。在《黄金游戏(二)——熊市能赚钱》中，笔者描述了政策顶的内容，下面则阐释关于政策底产生的过程和内容。

政策底与政策顶产生的过程类似。大盘刚开始见顶，管理层一般不会关注，直到感觉到市场下跌已经达到非理性时，管理层才会开始有所动作。不过，初期的动作往往在力度上有所欠缺，再加上股指积重难返，下跌趋势已经形成。所以，在初期，政策不会见效。随着行情继续下跌，相关的其他刺激政策陆续出台，这种政策刺激逐渐加重。那么，什么时候会出现转势呢？就是当这种利好逐渐改变了市场的供求关系时[关于供求关系内容，参考《黄金游戏(一)——从A股获利》]，行情才会见底。市场见底的态势最终会体现在盘面上，关于大底盘面的技术特征，在后面将介绍到。

因此，投资者在判断大底部时，一定要结合该阶段的政策信息，并结合技术面，两方面结合最终形成共振，才是转势之时。

2. 底部市场特征

市场底部有极强的市场特征。大底部形成时，往往是市场信心最为低迷之时。那时，投资者已经完全丧失信心，进入麻木状态，甚至对政策利好也麻木不仁。媒体关于悲观的消息一条接着一条。证券公司此时几近空无一人，即使有几个人，也是昏昏欲睡。各种财经、证券类杂志和报纸不再是报摊热销的对象，甚至已经不见踪迹……总之，市场已经萎靡到极点。

市场就是这样，当每一个人都不再关注股票，当大家都逐渐抛弃股票时，那些先知先觉的资金会开始关注，并逐渐买入低价的筹码。市场在这种时候通常进入一种表面的沉寂，即使某一天或某几天有不错的表现，也仅是昙花一现。只是这种时候，盘面上会出现一些技术性的变化，这种变化有时细微到不易察觉。

3. 底部技术特征

底部出现时，除了有上面的政策性特征和市场性特征之外，在技术上一定有其明显的特征。判断市场底部，必须把政策面、市场面及技术面相结合，才能准确判断。这是因为，无论如何，底部的出现一定会反映在盘面上。

一般底部出现时，在技术上，首先是创新低不再那么容易，而且稍有利好传闻，就会有向上的积极反应。经过一段时间的拉锯后，政策往往会扮演救世主，股指随即拔地而起。不过，由于市场信心过弱，股指剧烈反应后通常会再次回撤。这时，有两点应特别注意：大底部此时一般不会再创新低（即使创新低，也会马上收回，形成单针探底或较大阳线），且在遇利好而起时，必然放出天量，紧接着的回落必然伴着量能的大幅萎缩。只要这种状态成立，就说明大底已经基本成立，只待最后在缩量调整后再次放量拉起。

图 4.17 和图 4.18 分别显示了沪市 2005 年的大底与 2008 年的大底，基本都是这种状态。

4. 利空底部特征

在《黄金游戏（二）——熊市能赚钱》中，笔者论述了关于信息传播的特点及其在股市中的作用，这里进一步描述相关的利空出尽变利好，从而形成底部的原理及应对策略。

大家都知道物极必反的道理，其实，利空出尽变利好同样是这个原理。不过，利空出尽变利好时，大盘一般是处在大的上行趋势中。例如，一个阶段性调整后，利空出台，大盘之所以调整，可能就是因为对这则消息的不确定。此时，市场确认了消息的影响，就会维持其原来的运行趋势继续上行。除了大盘以外，利空出尽变利

图 4.17

图 4.18

好的情况更多是发生在个股当中。例如，某只个股因为对某种信息的不良预期，进入阶段性下跌周期，此时相关的利空信息得以确认，股价已经消化了这则利空，甚至反应过度，此时市场会出现报复性上涨。再比如，某只个股长期遭受利空袭击，且大势也在向下，由于之前已经遭受大幅下跌，此时再遭遇利空，反而不再下跌，这种时候往往就是一个阶段性机会的到来。图 4.19 显示了上海汽车(600104)的周线图,此股在 2008 年遭受了极大的信任危机,机构纷纷抛售,股价也一路下跌至不足高点的 1/6。在这个阶段,各种对汽车业的不良预期纷纷在媒体上曝光。但是,此股在 11 月份止跌后,没有再创新低,此后一路上扬,涨幅超过 200%(当时大盘涨幅约为 60%)。

图 4.19

二、阶段性底部特征

阶段性底部与大底不同(此处特指,上行趋势中的阶段性底部)。首先,它的外部环境是稳定的,在技术上也并未改变大的运行趋势。阶段性底部从总体上说,就是一个大的趋势中的阶段性调整底部。

从以上描述中我们可以知道,判断阶段性底部,首先要确认大的趋势没有改变。大的趋势没有改变,其判断依据有两个:(1)中长期均线没有改变;(2)股价没有被透支。股票在经历过一波上涨后正常调整时,通常会在下跌一定幅度后,出现极度的成交量萎缩;而经过一些交易日的调整,5 日、10 日、20 日均线从粘合再度转向张开,例如,5 日线再度上穿 10 日线,股价再度运行在 5 日、10 日和 20 日线上方，且上涨时出现放量；MACD 指标调整较为充分，已经具备爆发条件。

图 4.20 显示了津滨发展（000897）在 2009 年初的一波调整后的拉升行情，这个底部就是调整较为充分的底部。

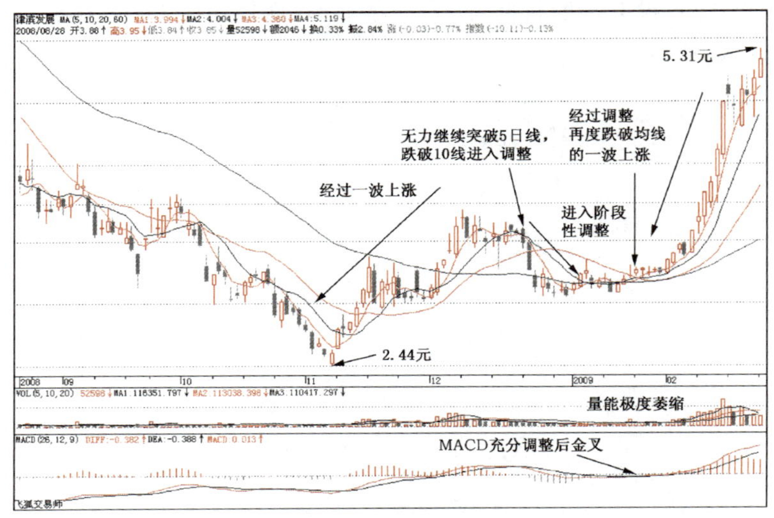

图 4.20

除了如上津滨发展（000897）调整时间较长的例子外，还有一些短线爆发后的剧烈调整案例。图 4.21 显示了南方航空（600029）的两个较为典型的阶段性底部：前者为快速拉升后快速调整产生的阶段性底部；后者是再度拉升后经过较长时间形成的阶段性底部。两种底部的应对方式完全不同，前者采取快速介入的操作方式；后者采取突破确认后再行介入的操作方式。

小　结

1. 趋势是理解顶部和底部的核心，而顶部和底部是一个趋势中的上下两极，并且顶部和底部在技术形态有很大的相似性。所不同的是，它们一个在顶部，一个在底部，而且图形在趋势中是相反的。

2. 股市运行，在底部真正出现以前，谁也无法准确预计底部在哪里，因为可以影响股市的因素太多，并且这些因素还在不断变

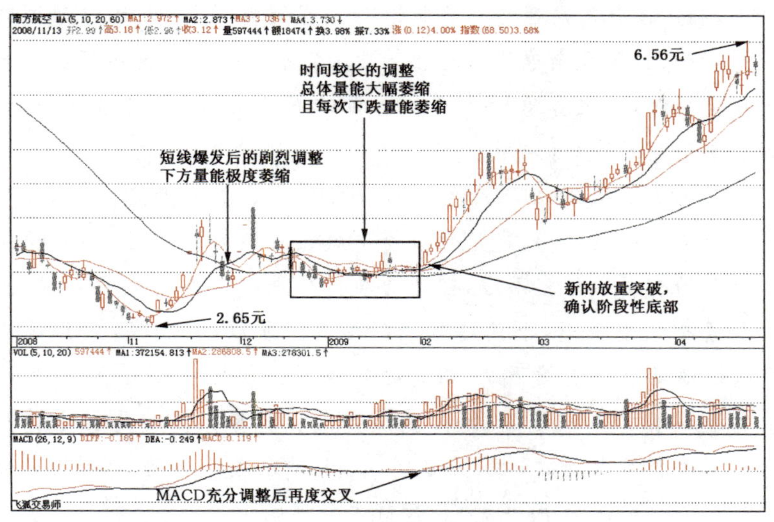

图 4.21

化。我们能做的只是推测，然后根据形态进行更进一步、更接近事实的推测。

3. 关于“抄底”，笔者必须得说两句：很多人理解的抄底，就是抄到最低点，这大错特错。从技术上讲，只要买在底部就叫抄底。那么，怎样才能买在底部呢？客观地说，买在底部，就是指在底部基本确立后买入。底部确立一定不是指最低点，而是安全性相对较高的低点。对于投资者来说，这样的低点才是真正的有操作价值的位置，也是安全系数相对较高的低点，当然就应该是进行“抄底”动作的位置。

4. 而对于那些精明的、熟悉市场的投资者来说，当市场人气冷到极点，并且当大多数投资者对市场充满恐惧和怀疑的时候，就是他们开始行动的时候。

5. 形成大底部的条件：(1)市场需要跌够、跌透；(2)市场下行趋势必须改变；(3)不再创新低，且量价必须出现积极信号；(4)中期均线系统必须出现积极变化；(5)大盘蓝筹指标股必须开始起到稳定大势的旗帜作用；(6)必须开始有概念炒作的迹象；(7)资金面必须宽裕；(8)政策面及宏观经济面至少保持较好状态。

6. 机构吸货主要分为如下三种：(1)打压吸货，即对股价进行打压，利用散户的恐慌进行吸货；(2)横盘震荡吸货，即通过来回的窄幅震荡、拉锯逐渐吃货；(3)拉升吸货，这种手法在遇到突发利好出现抢筹时，或主力急于达到什么目的而没有太多时间(例如，资金有使用期限等)时采用。

7. 政策底与政策顶产生的过程类似。大盘刚开始见顶，管理层一般不会关注，直到感觉到市场下跌已经达到非理性时，管理层才会开始有所动作。不过，初期的动作往往在力度上有所欠缺，再加上股指积重难返，下跌趋势已经形成。所以，在初期，政策不会见效。随着行情继续下跌，相关的其他刺激政策陆续出台，这种政策刺激逐渐加重。那么，什么时候会出现转势呢？就是当这种利好逐渐改变了市场的供求关系时[关于供求关系内容，参考《黄金游戏(一)——从A股获利》]，行情才会见底。

8. 市场底部有极强的市场特征。大底部形成时，往往是市场信心最为低迷之时。那时，投资者已经完全丧失信心，进入麻木状态，甚至对政策利好也已麻木不仁。媒体关于悲观的消息一条接着一条。证券公司此时几近空无一人，即使有几个人，也是昏昏欲睡。各种财经、证券类杂志和报纸不再是报摊热销的对象，甚至已经不见踪迹……

9. 大底部此时一般不会再创新低(即使创新低，也会马上收回，形成单针探底或较大阳线)，且在遇利好而起时，必然放出天量，紧接着的回落必然伴着量能的大幅萎缩。只要这种状态成立，就说明大底已经基本成立，只待最后在缩量调整后再次放量拉起。

10. 大家都知道物极必反的道理，其实，利空出尽变利好同样是这个原理。不过，利空出尽变利好时，大盘一般是处在大的上行趋势中。例如，一个阶段性调整后，利空出台，大盘之所以调整，可能就是因为对这则消息的不确定；此时，市场确认了消息的影响，就会继续维持其原来的运行趋势继续上行。除了大盘以外，利空出尽变利好的情况更多是发生在个股当中。

第五章 常见的底部形态

第一节 头肩底形态

与头肩顶形态一样[有关头肩顶的内容,参考《黄金游戏(二)——熊市能赚钱》],头肩底形态是最常见、最经典且最为可靠的反转态势之一。当股价运行出头肩底形态时,一般都会出现至少一波行情的逆转;且在逆转后往往会持续走强,甚至演化成一波大牛市。这种底部最有潜力,也最值得去把握。

图 5.1 显示了三一重工(600031)在 2008 年底至 2009 年初形成的头肩底形态。

典型的头肩底形态一般由三部分组成:空头市场最后一波中期跌势的底部,以及前后两波跌势比底部要轻一些的肩部。一般来说,底部最低,两肩不一定等高。左肩为空头市场倒数第二波中期跌势,右肩为多头市场第一波反弹的回落调整。成交量是判断头肩底的关键。一般情况下,典型的头肩底在左肩和底部成交量较大。判断的关键点在右肩。价格下跌到右肩的谷底时,成交量会明显萎缩,而一旦再次向上突破,成交量又急剧放大。如图 5.1 所示,右肩的谷底位置成交量明显萎缩,而自右肩谷底反弹时,成

图 5.1

交量又急剧放大。

为了便于读者理解,笔者在这里有必要对形成这种状态背后的技术原因予以说明。首先,大盘到了左肩底部时,市场已经接近底部,一些先知先觉的投资者开始在此吃货,于是量能放大;当价格继续下跌到底部时,这种吃货的能量更大,成交量继续放大,同时价格开始回升;很快,价格再次遇到压力回落;但在回落过程中,市场明显开始惜售。因此,到了右肩谷底时,市场急剧缩量;由于市场买盘越来越大,价格再次向上拉起,市场底部基本得以确认,追入的资金量更大,从而量能再次急剧放大,于是整个头肩底形成。市场心理向多头趋势发展,这也是为什么头肩底的准确率较高的重要原因。

头肩底一旦形成,就是投资者快速买入的底部信号,由于头肩底准确率较高,一般形成头肩底后,涨幅相对也较大。图 5.2 显示了沪市大盘自 2008 年底至 2009 年初形成的头肩底形态。头肩底形成后,股指一路上扬,至 6 月底,涨幅超过 80%,深成指涨幅更是超过 100%。

颈线从技术意义上来说,也是一条中期趋势线,股价突破下行趋势线是其上攻的前提条件,也是一波行情开始的重要信号之一。

图 5.2

头肩底出现后的第一个目标涨幅，可以采用《黄金游戏（二）——熊市能赚钱》中讲述的趋势线预测价位功能，进行估价预测。如图5.2所示，底部点位为1 664点，底部最低点位距离当时颈线有596点，股价突破颈线的点位为1 974点，按照等比原则，第一个上涨的目标位应该在1 974＋596＝2 570点。事实也的确如此，这波上涨的第一个压力位置就在2 570点附近。但是，经过震荡后，股指再度突破2 570点这个区域，形成了新的上行趋势。等比测算法只能大致测算目标区域，并不能完全准确预测，因此只能作为参考依据，不可作为必然依据。

根据《黄金游戏（二）——熊市能赚钱》中讲述的周期概念，头肩底形态一样可以有分钟线、日线或周线，一轮周期可以是几个小时、几个交易日，也可以是数月或数年。根据股市运行的规律，头肩底形成的周期时间越长，其相应上涨周期也就越长，这是一种周期性的对应关系。

与头肩顶相同，头肩底同样具有多种演化形态。其中一种形态是在一个或数个失败的头肩底之后，再形成最终的头肩底，这种形态较为迷惑人。同样也有颈线分别为上升趋势、下降趋势或水平的头肩底，甚至会出现多个左肩或右肩的头肩底形态。不过，所有的头肩底形态，其形成原理都如上文所描述，演化模式也大同小异。在判断上，掌握的要点在于左肩、底部、右肩和成交量，特别是右肩极其关键，此处谷底的缩量与反弹时的放量越清晰，底部确认度就越大。

根据笔者的经验，在判断头肩底时，关键在于如下两点：

1. 左肩和底部出现放量，这个量能越大越好，特别是酝酿的时间越长越好，后期一旦逆转，延续的时间就会更长。

2. 右肩底部缩量，从底部起来后再放量最为重要。如果右肩底部不能缩量，就意味着市场可能还会下跌，甚至跌破底部，从而头肩底形成失败；如果右肩见底后上攻不放量，就意味着买盘不足，那么很可能形成失败的头肩底形态。

图 5.3 显示了中国石化(600028)在 2007～2008 年间形成的两次失败的头肩底，特别是第二次失败的头肩底有两个右肩。头肩底失败意味着，新的一轮下跌将展开，是绝对的卖出信号。其背后的道理也很简单，一旦头肩底失败，刚刚建立起来的一点市场信心再度崩溃，崩溃后的市场必然面临新的下跌趋势，甚至跌速比之前更快。

图 5.3

判断头肩底失败，关键有三点：

1. 股票在右肩谷底反弹后放量不足，在颈线处显得上攻力量太弱，犹豫不决，此时一般可以预测有可能出现失败的头肩底形态，投资者需要提高警惕。

2. 当股价遇到颈线被压回，市场开始恐慌放量下跌，意味着多头力量太弱，失败的头肩底形态基本确认。

3. 如果股价跌破右肩谷底，意味着构筑头肩底彻底失败，这是最后的清仓时机。不过，极个别可能会出现跌破右肩再拉回的情况。只是一来出现这种状况相对较少，另外如果真的出现这种状况，必然是伴随着更强的多头势头上攻，量能一定急剧放大。

头肩底失败的原因主要为市场做多信心不足、多头力量过于薄弱所致。头肩底形态是股市中最常见的底部形态之一，且市场越成熟，这种状态的形成就越多。它是投资者必须掌握的技术形态。

第二节 双重底形态与多重底形态

双重底与双重顶相似，只是方向相反，是由两个峰位构成底部，中间包含着一波反弹走势。双重底的形成，是股价经过一波较大成交量的下跌后反弹（成交量在此处不是必要条件，有时在双底的第一个底处成交量同样较小，有时第二个底部的成交量较第一个底部的大），接着股价再来一波下跌，然后展开一轮新的上涨。双重底形态的第一个底部一般伴随着较大的成交量，第二个底部的成交量会大幅萎缩。不过第二次见底后的再次上涨突破，必须有大成交量的配合。双重底又叫 W 底，在市场中同样较为常见，是投资者用来判断底部的重要技术形态之一。一般情况下，双重底的第二个底部会高于第一个底部，但从技术上讲，无论第二个底部是否达到或稍稍高于第一个底部，双重底形态都同样有效。

判断双重底的技术关键在于以下三点：

1. 第二个底部的谷底必须大幅缩量（与之前反弹时的量能相比）；

2. 在确认底部后的反弹必须大幅放量，这是第一个介入时机；

3. 当突破双重底的颈线时，确认双重底成立，这是第二个介入时机。

图 5.4 显示了冠城大通(600067)自 2008 年第四季度至 2009 年第一季度形成的大双底。双底形成后，股价一路飙升，总体涨幅在半年多时间超过 300%。这次形成的双底，其第一个底部成交就不如第二个底部成交大，所以判断的关键在于第二个底部形成后再次涨起来的成交量。如图 5.4 所示，在第二个底部见底后，上攻量能逐渐放大，突破颈线后，围绕颈线做了两个震荡整理，接着一路快速上涨达数月。

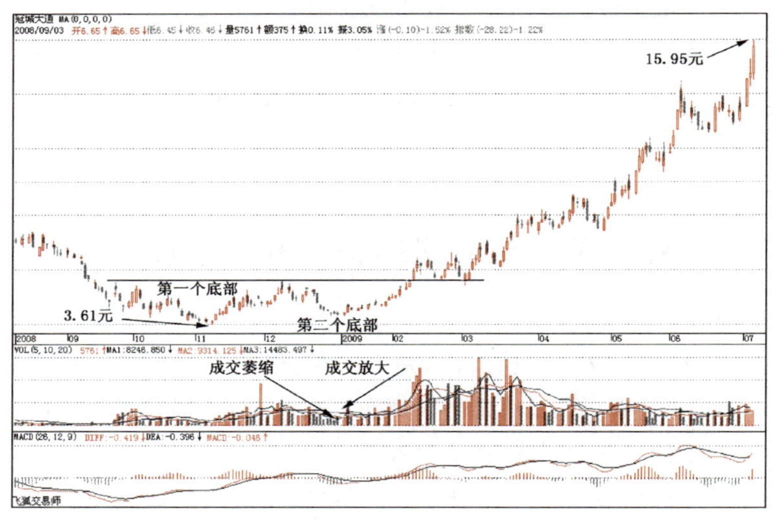

图 5.4

由于市场的震荡，双重底形态有时会演变成三重底或多重底形态，甚至有可能与其他技术形态一起形成更复杂的底部组合。图 5.4 中的颈线附近，就是一个小型的头肩顶形态。

图 5.5 显示了建设银行(601939)自 2008 年第四季度至 2009 年第一季度形成的三重底走势。之所以出现三重底或多重底，主要是如下原因：

1. 大势未走好，影响个股向上拓展的空间；

2. 底部形态不清晰，特别是第二重底触底反弹时量能不足，导致无法越过颈线。如图所示，建设银行只有到了第三重底后才开始逐渐放量。

另外，在判断介入时机时，根据笔者经验，多重底出现后，一旦股票开始放量且突破颈线，往往会有一波速度较快的上涨，这也是一个较好的介入时机。

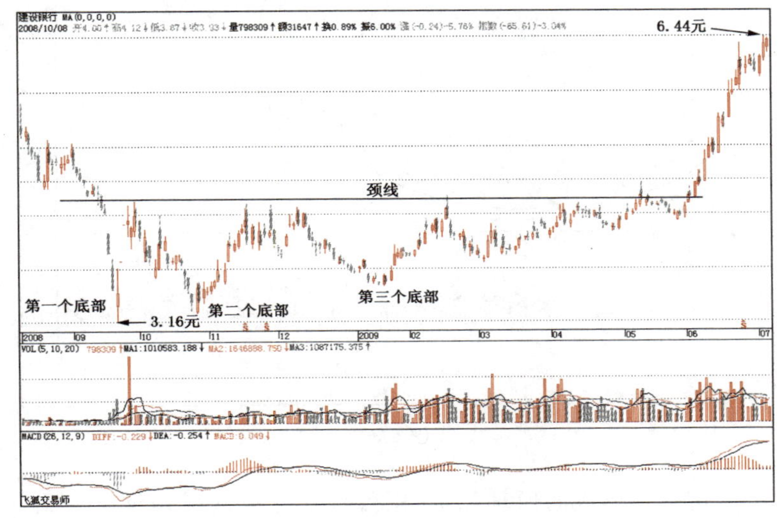

图 5.5

第三节　圆弧底形态

圆弧底不是很常见，但圆弧底一旦形成后，往往是大底。图5.6显示了浙江广厦(600052)自2008年8月至2009年3月形成的一个大圆弧底。圆弧底的形态特征犹如一个盘子，形状如圆弧，因此称为圆弧底。圆弧底的形成过程，一般是经过前面一定时间的下跌，然后下跌速度逐渐转缓，并且随着股价的降低，成交量也逐渐萎缩，但在接近底部时，成交量有时会开始放大，股价逐渐上涨，量能也逐渐放大，直到形成一个圆弧形状。圆弧底形成后，经常会有一段时间的窄幅震荡并形成一个平台，一旦股价最终突破这个平台，通常会进入上涨的快车道。如图5.6所示，浙江广厦

(600052)在突破平台区后，股价一路上扬，3 个月的实际涨幅超过200%。

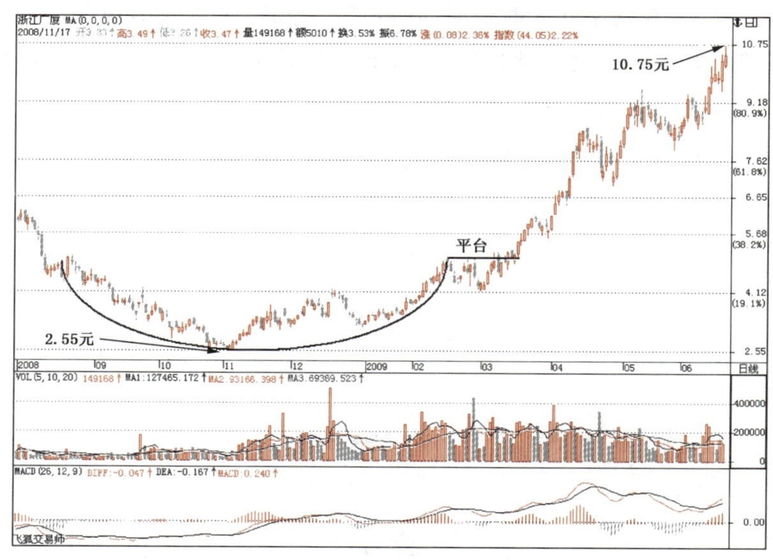

图 5.6

与圆弧顶形成的原理相似，圆弧底的形成同样是供求关系逐渐发生变化的结果。当股价经过一个阶段的下跌后，跌势逐渐转缓，量能萎缩，当股价接近底部时，一些看到价值的投资者开始先行介入，量能稍有放大，但仍不能止住跌势。随着买盘的逐渐增加，成交量继续放大，股价开始缓慢回升，当形成一个圆弧后，多空会进行短暂的对峙，接着多方获胜突破平台，投资者信心大增，股价开始快速拉升。

交易靠自己

在市场中，圆弧底较前面所述的底部形态相比少见得多，但圆弧底一旦形成，往往会有较大的后劲。判断圆弧底力量的关键在于以下两点：

1. 圆弧的右半边量能的大小。量能越大，突破平台期时，上涨力度越大，涨幅也越大。

2. 平台期需要一定的整理时间，特别是当突破平台期时，要有量能配合。

把握这两点，基本上就可以准确把握圆弧底。

第四节 单底形态

单底，底部如倒转的塔尖，也称为尖底或V型反转。单底在A股市场较为常见，但不是很好判断。在单底形成的过程中，没有趋势线和其他技术作为判断依据。相反，其在运行过程中往往是急剧反转，就像快速冲击顶部形成尖顶一样。但是，与形成尖顶会有量价警示不同的是，V型反转通常没有任何警示信号。所以，大多数情况下，对V型反转只能是猜，猜对了就对，猜错了就错。V型反转的形成主要有如下几种原因：

1. 大势转变，主力来不及在底部低吸，就被迫提前进行震仓转而做多，从而形成一个V型反转态势；

2. 主力手中筹码较多，只能通过反手拉升来拉出出货空间；

3. 新出现的特别机会，让主力改变了以往的判断，反手做多。

投资者操作单底，主要考虑如下因素：

1. 单底反弹时必须放量，否则最终可能冲高回落，形成其他技术形态。因此，只有遇到有量的单底，才能跟进。

2. 单底如果出现在较高区域，在拉至接近前期顶部时，要观察主力是否诚心做多；如果不是，极有可能演变成双头，要注意相应风险。

3. 看到有单底征兆时，注意观察，放量再行介入是较为安全的选择。

4. 单底反弹后，如遇到较重压力，注意减仓观望；一般情况下，即使股价继续上行，也要经历一个较长时间的震荡整理，完全可以等待突破或调整充分后再行考虑介入。

图5.7显示了百科集团(600077)自2008年第四季度至2009年第一季度形成单底后的走势。图中股价先是在经历一波密集交易后破位下跌，在底部开始放量反弹，反弹在遇到前期密集交易区形成的压力后回落。在回落过程中，股票急剧缩量，这是向好信号，说明市场惜售。接着，股票开始反弹，当放量向上突破时，确认股价继续上行，此时才是第二个买点。

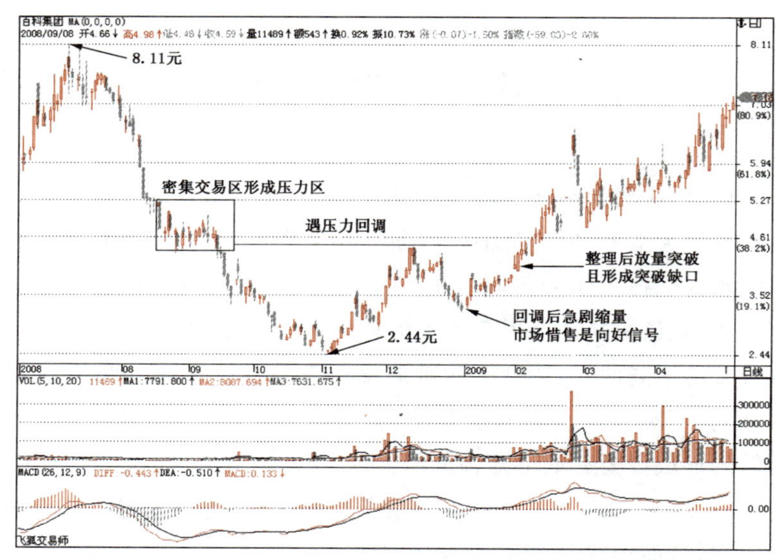

图 5.7

第五节　K 线的底部形态特征

常见的底部 K 线有如下七种。

一、长阳线

长阳线如果出现在低位，则多头意味很浓。例如，当股价延续了长期的下跌趋势后，突然拉出一根长阳线，这会给市场带来很大的刺激作用，甚至很多时候因此确认底部。如果当时股价又出现了其他底部形态，一旦出现放量长阳，基本上意味着新的突破。

图 5.8 显示了沪市大盘在 2008 年 11 月份和 2009 年 2 月份出现的两根周线长阳线。第一根长阳线确立了底部，第二根长阳线确立了突破。无论是第一根长阳线后的调整还是第二根长阳线后的调整，都没有能吃掉阳线，这说明长阳线的支撑力度很强。

一根长阳线拉起后，如果价格继续向上拉升，这根长阳线的实体就是对价格的第一个支撑位；接着，长阳线实体的中间点位是第二个支撑位；长阳线底部是第三个支撑位，也是最后一个支撑位。

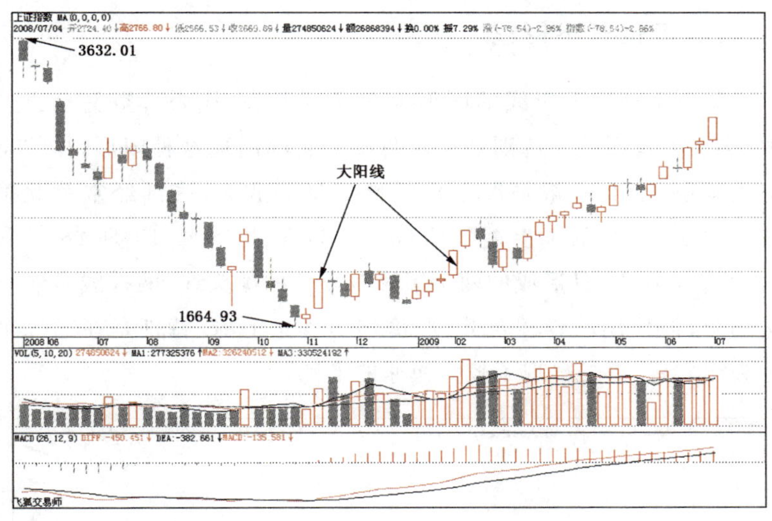

图 5.8

若长阳线被空头吃掉，那么这根长阳线的作用力就基本耗尽。特别是当这种长阳线出现得很突兀，在下行趋势中出现，往往就难以阻止行情继续下跌。图 5.9 显示了沪市大盘在 2008 年下行趋势中出现的几次长阳线，都没能抵抗大势的下跌。这也说明，从单根线判断大势存在较大欠缺，需要其他技术进行综合判断。

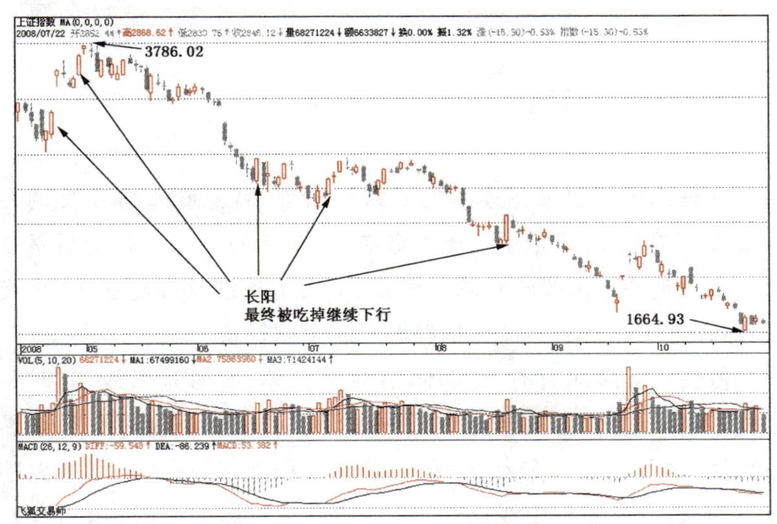

图 5.9

二、低位长下影线

低位出现长下影线的图形大多是好兆头，代表着空头打压失败，多头力量回升。特别是在较明显的底部出现这种图形，往往是空头陷阱，而且一般情况下均是伴随量能放大，底部经常就此确立。图 5.10 显示了上港集团(600018)在 2008 年 10 月 28 日和 2009 年 1 月 16 日形成的两个下影线较长的锤头线，两根线虽然一阴一阳，但作用一样。自此，股价均出现了上涨，特别是在第二个锤头线之后，更是出现了较为快速的上涨。

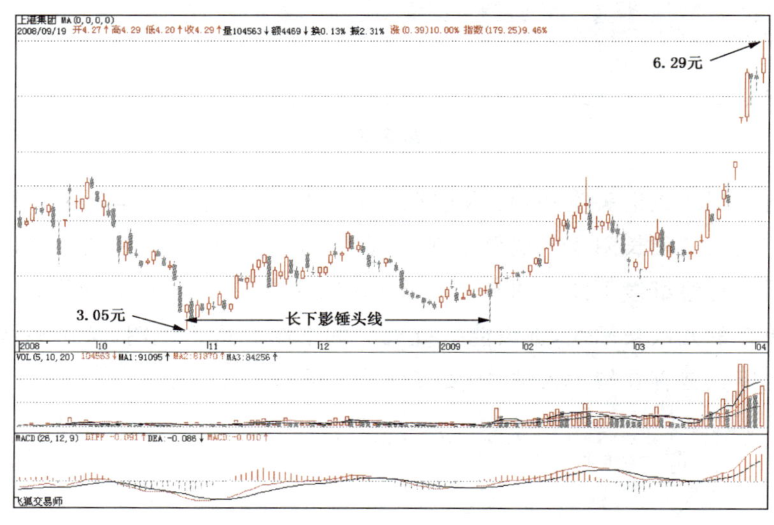

图 5.10

这种锤头线如果在连续的暴跌后出现，就意味着阶段性的短线机会。图 5.11 显示了沪市大盘在 2007 年的“5.30”行情后暴跌第 5 天出现的下影线较长的阳线，结果股指连续反弹超过 10 个交易日，在这 10 个交易日中，足够做一波短差行情。

低位长下影线有时有实体，有时无实体；有时是阳线，有时是阴线。但无论如何，只要是在低位较理想的位置出现带有长下影的线体，多头味道都较浓，就值得关注。例如，带有长下影的大阳线、带有长下影的小阳线(锤头线)、带有长下影的阴线(锤头线)、带有长下影的十字星等。

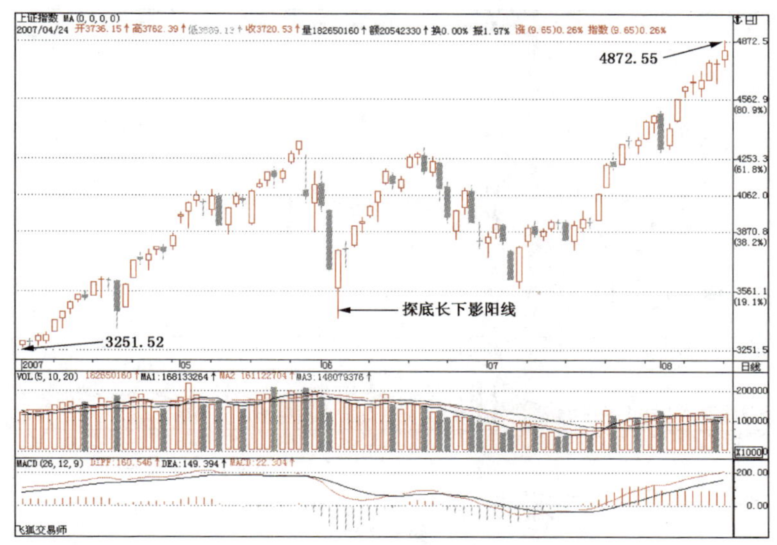

图 5.11

三、贯穿形态

与《黄金游戏(二)——熊市能赚钱》中乌云盖顶的形态正好相反,贯穿 K 线组合形态是由在下降趋势中的一根长阴线与一根反转的长阳线构成,长阳线的收盘价深入长阴线的实体内。在技术上,贯穿体现的是强劲买盘力量在低位买入的决心。

图 5.12 显示了沪市大盘在 2008 年 10 月 28 日形成的贯穿 K 线形态。虽然,此后股指出现连续数个交易日的调整,但都未跌破贯穿阳线的底部,最终底部确立,股指展开上涨行情。

在贯穿 K 线形态的实战中,长阳线吃掉长阴线的程度越深,说明多头力量越强,市场转势的可能性越大;长阳线体越长,多头反扑势头越猛,市场转势的可能性越大。如图 5.12 所示,第一根长阳线实体较长,且吃掉了长阴线的一半,表明多头势力很强。

根据笔者的使用经验,投资者决不能看到贯穿就判断要反转,这种判断是草率和武断的。只有进行综合性的审视和判断,才能确认整体趋势是否改变。在实际过程当中,只要价格不再跌破这根长阳线,说明贯穿形态的长阳线支撑力度很强,后市就有机会逆转下行走势。在图 5.12 中,贯穿形态出现后,股指又经过了数日

图 5.12

的调整才开始展开上攻。从技术上讲，如果价格再度跌破长阳线的底价，就意味着贯穿 K 线形态组合的失效。贯穿失效在一轮大熊市中屡见不鲜，投资者可参考 2008 年大熊市中的贯穿图形。

另外，投资者必须注意一点，那就是，上行趋势中的类似形态不叫贯穿形态。所以，不能以贯穿的技术性质来进行对照分析。

四、底部多头吞噬形态

吞噬，顾名思义，就是吃掉。谁吃掉谁？这里是指，后面的吃掉前面的。发生在顶部，称为顶部空头吞噬形态；发生在底部，称为底部多头吞噬形态。顶部吞噬形态在《黄金游戏（二）——熊市能赚钱》中已经进行描述，这里不再赘述。

底部多头吞噬形态，是比较明确的多头信号，它由一根处在前面的阴线和一根紧随其后的更长的阳线构成。吞噬形态的特征是，阳线的开盘价比前面阴线实体的最低价要低，收盘价比前面阴线实体的最高价要高（阴线实体不包括上下尾线）。

底部多头吞噬形态是较为明确的多头信号，如图 5.13 所示，沪市大盘在 2009 年 1 月 14 日形成一个底部吞噬 K 线形态后，展开震荡上扬行情。

图 5.13

吞噬形态与前面的贯穿形态类似，只是吞噬形态显示出的多头力量更足、更强，多头上攻更坚决。所以，从某种意义上说，吞噬形态比贯穿形态更具多头意义。

在实战中，投资者一定要注意，技术形态必须放在趋势中才有意义。例如，在一波下跌趋势中，出现吞噬或者贯穿都值得怀疑，因为依然向下的熊市不是一个吞噬或贯穿的技术形态所能解决的。这个时候，投资者必须以综合判断为主，以趋势为主。对 K 线形态进行判断，只有依托于趋势，才有更为准确的技术意义。

五、最后的吞噬底形态

何谓最后的吞噬？简单点说，就是吞噬完就结束；也就是说，把空头的吞噬顶形态挪到行情底部，即为多头信号；把多头的吞噬底形态挪到顶部，即为空头信号。这里是指最后的吞噬底形态[有关最后的吞噬顶形态，参考《黄金游戏(二)——熊市能赚钱》]。

从技术图形上来看，在下降趋势末期，假如一根长阴线实体包含了前面小阳线的实体，这就叫最后的吞噬底。它代表空头耗尽力量，最终将空头制服，但空头力量已经逐渐枯竭，多头力量正在积聚。

图 5.14 显示了深发展(000001)在 2005 年 4 月和 7 月形成的两个最后的吞噬底形态。

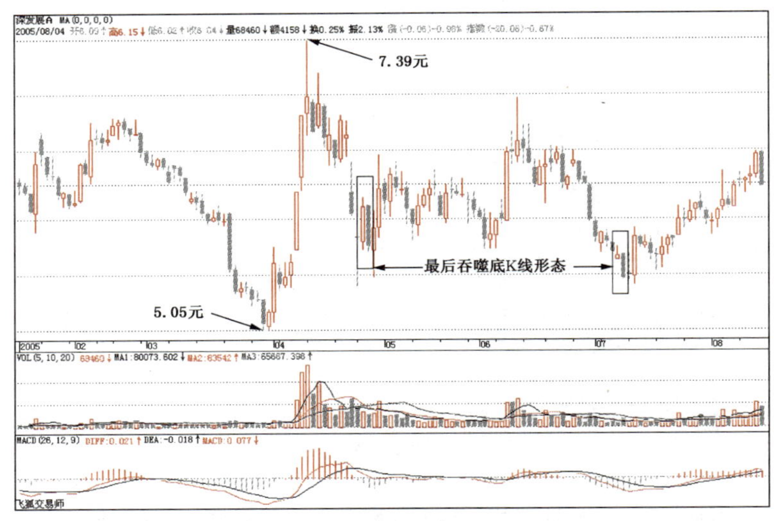

图 5.14

在使用最后的吞噬底时,必须注意以下三点:

1. 决不能在市场极度恐慌的暴跌市中使用。此时极其危险,要观察后才可行动。

2. K 线组合的效力只是短期效力,它的总体仍受大趋势的制约。所以,分析较长趋势时,仍要看大趋势,而不能看 K 线组合。

3. 最后的吞噬底并不常见,遇到时要多观察、多验证。

六、下跌趋势中的母子形态

母子形态,顾名思义,它由两根线体构成,第一根线体的实体很长,第二根线体的实体很短,且小实体完全被大实体包含,两条线没有阴线和阳线的限制。下跌趋势中,出现在低位的母子形态是多头征兆,通常意味着下跌趋势可能终止。图 5.15 显示了厦门国贸(600755)在 2008 年 10 月和 12 月形成的两个典型的母子线形态。

在下跌趋势中,母阳子阳和母阳子阴的多头味道,要比母阴子阴和母阴子阳的多头味道浓,因为阳线本身就具有多头意味。如

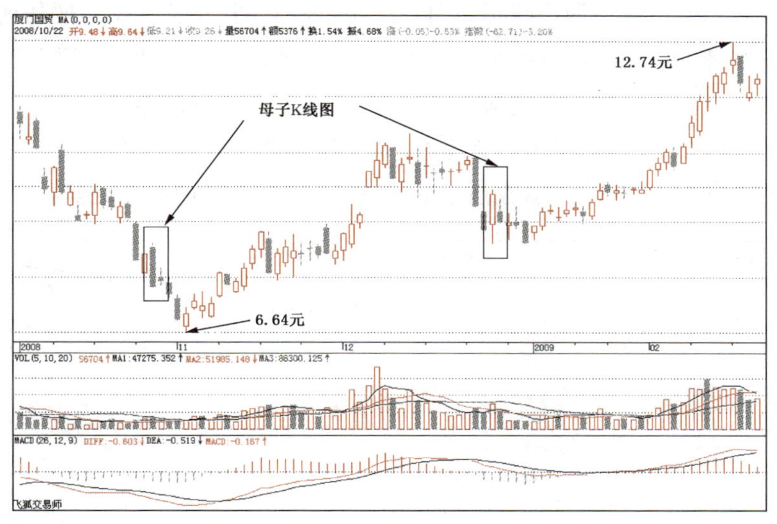

图 5.15

图 5.15 所示，右边的母阳子阴 K 线的多头味道，就明显比左边的母阴子阴的多头味道浓；表现在盘面上，也的确是母阳子阴更为强势。

在进行市场判断时，低位母子线的位置不同，表达的市场含义也有所差别。子线在母线下端，意味着空头力量还在，一旦股价跌破母线最低价，后市可能会继续向下运行，即使不向下继续跌破，盘整的可能性也更大；当然，如果接着股价上涨拉出较长阳线，就意味着多头掌握了市场主动。子线在母线中上端，意味着多头力量占据主动，多头力量更强；当然，如果接着股价再次跌破母线，那么下跌趋势可能继续。

在判断过程中，单从母子线并不能判断股票转势。因为，在下行趋势中，一个母子形态绝对不是判断行情就此走强的依据，顶多也就是一个有多头意味的信号而已。这一点投资者必须认清。

七、晨星形态

晨星形态又叫启明星形态，顾名思义，就是天快亮了；引申到市场，就是做多走好的含义。晨星形态在市场中较为常见。晨星由三根线构成，第一根线体是一根下行的长阴线，第二根线体是一根实体向下跳空的小线形(可以是小陀螺线、小十字星或其他任何小线体,阴线或阳线均可),最后一根实体是向上跳空的长阳线。晨星经常出现在下行趋势中或盘整中,有短线转势的意味。

图 5.16 显示了沪市大盘在 2009 年 4 月底调整时出现的晨星,大盘调整以晨星结束,在晨星后,股指继续展开新的盘升之势。

图 5.16

晨星形成后,中间那个小线体就是最后的支撑,如果价格最终跌破这根小线体,则晨星效用结束。判断晨星时,最后那根阳线实体越长,吃掉第一根长阴线越多,多头意味就越浓。同样的道理,判断时不能凭借一个 K 线组合来确认大的趋势,只能作为确认小趋势的参考,而组合放在趋势中,仍要以趋势大势为主要判断依据。

第六节　向上的岛状缺口与岛型反转形态

一、向上的岛状缺口形态

关于向下的岛状缺口形态,在《黄金游戏(二)——熊市能赚钱》中已经详细阐释。在这里,笔者在"黄金游戏"系列前两部的基础上,做进一步讲解。

岛状缺口,就是当股价连续下跌,且跌幅较大后,市场进入信心缺失的过冷状态,随之出现向下跳空的缺口;而在第二天,股价突然逆转出现跳空向上的缺口,这样一来,向下跳空缺口那根线体就像一个孤岛,所以称为岛状缺口。岛状缺口有点类似启明星,是多头信号。图 5.17 显示了 * ST 琼花(002002)在 2007 年"5.30"暴跌行情后形成的岛状缺口。

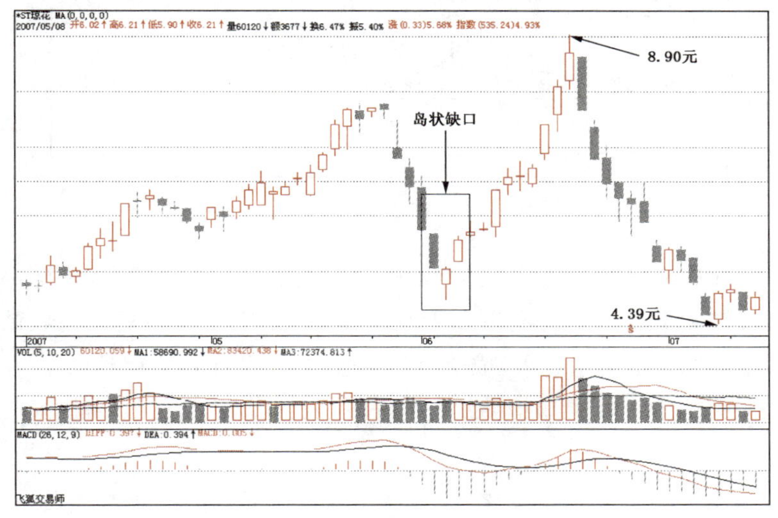

图 5.17

二、岛型反转形态

岛型反转与岛状缺口原理相同,只是周期不同,因而构成线体的个数也不同。根据形态周期越长、作用力越大的原理,我们可以知道,岛型反转的作用力要比岛状缺口大。市场一旦出现岛型反转,基本意味着要转势。向下的岛型反转在《黄金游戏(二)——熊市能赚钱》中论述过,这里仅论述向上的岛型反转。

如图 5.18 所示,沪市大盘自 2008 年 10 月底至 2008 年 11 月初形成了一个岛型反转走势。岛型反转后大盘一路上扬,至 2009 年 6 月,涨幅达八成。

图 5.18

在底部岛型反转中，前市跌幅越大，其作用力就越大；顶部岛型反转和下跌途中的向下岛型反转道理相同，方向相反。岛状缺口中的“岛”成交量越大，成交时间越长，后市的作用力就越大。

小　结

1. 头肩底形态是最常见、最经典且最为可靠的反转态势之一。当股价运行出头肩底形态时，一般都会出现至少一波行情的逆转；且在逆转后往往会出现持续走强，甚至演化成一波大牛市。这种底部最有潜力，也最值得去把握。

2. 根据笔者的经验，在判断头肩底时，关键在于如下两点：

(1)左肩和底部出现放量，这个量能越大越好，特别是酝酿的时间越长越好，后期一旦逆转，延续的时间就会更长。

(2)右肩底部缩量，从底部起来后再放量最为重要。如果右肩底部不能缩量，就意味着市场还会下跌，甚至跌破底部，从而头肩底形成失败；如果右肩见底后上攻不放量，就意味着买盘不足，那么很可能形成失败的头肩底形态。

3. 判断双重底的技术关键在于以下三点：

(1)第二个底部的谷底必须大幅缩量(与之前反弹时的量能相

比）；

（2）在确认底部后的反弹必须大幅放量，这是第一个介入时机；

（3）当突破双重底的颈线时，确认双重底成立，这是第二个介入时机。

4. 在市场中，圆弧底较前面所述的底部形态相比少见得多，但圆弧底一旦形成，往往会有较大的后劲。判断圆弧底力量的关键在于以下两点：

（1）圆弧的右半边量能的大小。量能越大，当突破平台期时，上涨力度越大，涨幅也越大。

（2）平台期需要一定的整理时间，特别是当突破平台期时，要有量能配合。

5. 常见的底部K线有如下七种：长阳线、低位长下影线、贯穿形态、底部多头吞噬形态、最后的吞噬底形态、下跌趋势中的母子形态、晨星形态。

6. 在底部岛型反转中，前市跌幅越大，其作用力就越大；顶部岛型反转和下跌途中的向下岛型反转道理相同，方向相反。岛状缺口中的“岛”成交量越大，成交时间越长，后市的作用力就越大。

第六章 “抄底”买入实战

“抄底!”“抄底!”这是媒体在证券类文章里使用最活跃的字眼,也是股民在交流中使用频率很高的字眼。只是,抄底何其难?难于上青天!大家谈抄底谈得多,成功的却极少。之所以抄底不成,很重要的原因在于,对底部的理解不够深刻。要抄什么样的底?什么时候是底?什么时候是底部的介入时机?在这些问题明确之前,抄底犹如水中月、镜中花。

对于一个真正成熟的投机者来说,抄底不是他的任务。提高判断成功率、提高操作成功率以及把握获利空间才是他要做的。也只有这样,才能在趋势中获得足够高的利润。在笔者看来,抄底就是在风险系数相对较低、机会相对较大的时候介入,然后努力实现利润最大化。抄底不是买在最低价,而是买在相对低位但可以确认安全的位置。也就是说,抄底实质上就在于两点:(1)判断大势的风险/机会系数;(2)发现风险过去、机会来临,抓住机会介入。

第一节 “抄底”战略步骤

一、判断大趋势

在《黄金游戏(二)——熊市能赚钱》中,笔者将趋势放在了“黄金一二三”的第一位。之所以如此,是因为趋势在技术分析中最为重要,一切均要以趋势为中心进行判断。在炒股操盘过程中,投资者必须且首先要去判断大趋势,只有在大趋势允许的情况下,才可以操作股票,这是炒股的操盘原则。

判断大趋势包括以下两部分内容:

1. 判断大盘趋势

大盘是市场中所有个股作用的综合表现(不过,大盘指数权重并不是以流通股数为标准,而是以总市值作为计算参数;这样一来,如中国石油这样的权重股对大盘的影响力要较普通个股的影响力大得多。所以,某些时候指数会出现失真)。市场上的个股,总体上跟随大盘的大趋势涨跌而涨跌,仅有极少量个股可能逆大盘运行,但大多也只是阶段性的行为。这就是为什么炒股要先判断大盘趋势的根本原因。从某种意义上说,只有在大盘趋势允许的情况下才可以操作个股。就像笔者曾经说过的那样:大机会大投入,小机会小投入,没机会不投入。大盘趋势决定了总体市场机会的大小。例如,当大盘整体处于熊市的向下趋势,就要尽量避免不必要的冒险,而一旦大盘确立见底,那么抄底的机会也就随之出现。

2. 判断个股趋势

抄底的前提条件就是大盘见底,而大盘见底后真正要抄的还是个股的底,所以投资者在判断大盘基本见底后,就要寻找率先见底的个股。之所以如此,是因为并不是市场中所有的股票都会与大盘同时见底,也并不是股票见底后就会立刻上涨。所以,判断个股的趋势在实际操作中具有极其重要的意义。

二、发现大盘多头信号

1. 政策面的多头信号

既然 A 股具有极强的政策市特征，从某种层面上说，政策对 A 股的作用几乎是决定性的。例如，政策可以控制市场的资金供给，可以控制市场的股票供给，而供给是决定股价的根本因素。由于 A 股本身至今仍未逃出被利用的角色，因此，政策到底想利用股市做什么，对投资者判断后市也具有极强的参考作用。例如，1999 年的“5.19”行情是受刺激内需、扩大投资的经济影响；2001 年的大跌是因为国有股市价减持政策；2005 年的牛市是因为国有股改革，等等。

一般情况下，在一轮上行趋势行情运行结束而进入下行趋势后，政策在股市下跌初期不会出台相应的刺激政策，直到市场信心极度低迷，靠市场本身的能力已经无法激活市场时，政策才会陆续出台。但是，一方面由于趋势已经确认，市场还没跌透，另一方面由于政策强度仍然不够，所以市场在一般情况下不会因此而止跌。随着市场的继续下跌及政策的陆续出台，股票会逐渐进入底部。根据笔者的经验，一波大的下行行情，从政策陆续出台到市场开始见底有一个时间差。不过，即使有时间差，政策的多空取向对于股市来说，仍具有极其重要的意义，因为随着利好的堆积，会改变资金对市场的看法。图 6.1 显示了沪市大盘自 2007 年的6 124点后一路下跌所伴随的政策变化，前两次的降低印花税虽然博得了反弹，但都没有改变市场趋势，直到 4 万亿元经济刺激计划加上适度宽松的货币政策和积极的财政政策出台后，才开始展开真正的见底。这就是利好与大底的时间差。

2. 资金面的多头信号

资金面的多头信号在于两点：货币政策和股市的资金供给情况。

货币政策比较好理解，就是央行整体执行的货币政策。货币政策收紧，会提高利率和存款准备金率以及增加公开市场操作；货币政策放宽，会降低利率和存款准备金率，同时降低公开市场操作，从而增加资金净投放。“大河无水小河干”，如果央行的货币政

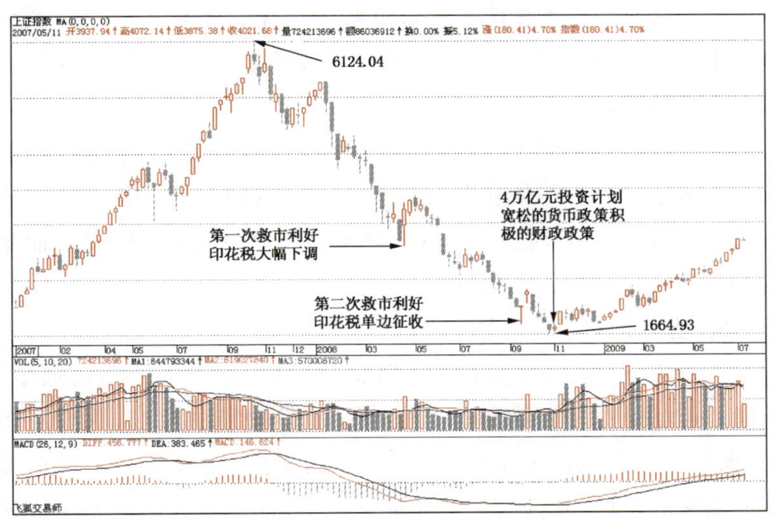

图 6.1

策在股市走差时都是从紧的，股市在短期内将很难有太大起色，直到相对较为宽松的货币政策到来。由于中国经济的高速发展，只要没有通货膨胀压力，一般不会采取从紧的货币政策，从紧的货币政策主要是为了应付通货膨胀以及预防经济过热所采取的措施。

投资者需要注意的是，货币政策与股市之间同样有一个时间差。例如，当股市处于下跌趋势时，刚开始的降息或降低存款准备金并不能改变市场的下行趋势，但随着这种政策的累积，下行趋势会逐渐被改变；在上升趋势中也一样，货币政策改变的初期并不能改变股市的上行趋势，直到累积效应显现为止。关于升息和降息对股市的影响，可参考本书第二章中的图 2.1。

股市的资金供给情况取决于两点：(1)管理部门审批基金的速度；(2)投资者对未来市场的预期。关于前者，主要原因是 A 股仍未市场化，包括基金发行、股票的 IPO 都要经过相关部门的审批而不是通过更为市场化的手段发行。这样一来，相关部门就能够根据自己对市场的认识来控制资金对市场的攻击。同样的道理也适用于股票的 IPO，股票 IPO 同样是根据相关部门的审批，发多少、怎么发都由相关部门决定。这直接决定了股市资金和股票的供给。另外，市场上的投资者对未来市场的看法也会影响到资金的供给面。例如，投资者看好未来市场会追加资金投入；相反，就会降低市场资金投入，这样显然会造成市场资金的供给不足，也就会造成市场的波动。

在一波下行趋势中，当这些方面都逐渐放开，距离转势一般就不会很远了；相反，如果在上行趋势中，这些都逐渐收紧，距离转入下跌市的时间也就不远了。资金是股市的血液，股市得资金而雄起，失资金而疲软，如此反复。

3. 基本面的多头信号

在股市中，基本面不能左右股价，但有一点可能会左右股价，那就是市场对基本面的预期。股市就是炒预期的市场，只要有预期，现在的垃圾就是未来的金子；只要有预期，现在的金子也可能变成未来的垃圾。所以，从某种意义上说，基本面与价格并无直接联系，但基本面的预期却与价格息息相关。

例如，一轮熊市已经让市场大跌，跌得市场信心全无，企业业绩大幅下滑。此时，投资者考虑的不是市场曾经的大跌、曾经的业绩或当下的业绩；考虑的应该是，当下是不是最坏？预期内还会不会更坏？如果还会更坏，就等股价继续下跌，直到下跌消化掉那些更坏的预期；相反，如果未来不会更坏，那么基本上就是该考虑买股票的时候了。道理很简单，只要基本面预期不会更坏，那么物极必反，市场必然会转好，而一旦有转好的预期，行情一定会再度弹起。其实，从这一点上也可以理解，为什么那些业绩超烂，但有概念的股票能暴涨，因为它们有未来的预期，就是这么简单。

这样的道理同样也可以应用在上涨的牛市中，比如，当股票已经大幅上涨，业绩也经历了较大幅度上升，这个时候，投资者应该考量的是这只股票未来还有多大的预期空间，当前股价是否已经透支了这些空间。如果答案是已经没有多少空间，最好的策略就是卖出它。

4. 技术面的多头信号

任何政策面、资金面、消息面、基本面等信息最终都会反映在盘面上，也只有从盘面上才能最终确认到底是否有改变趋势的多头信号。技术面是表象，是判断市场最直接的依据，也是最重要的依据。投资者在判断行情是否见底，判断了政策面、资金面、消息面和基本面之后，最终必然会落实到技术面上。如果这些在技术面上都没有表现，我们就应该考虑，是不是有其他更重要的因素没有考虑在内，这个时候唯一能做的就是等待。换句话说，看多也好，看空也罢，最终必须在盘面上得到确认，只有得到了盘面上的确认，前面的判断才有意义。

很多投资者不把技术当回事，但实际上，技术是股市生存之必备，没有技术上的修炼，能在股市生存是不可想象的。投资者还必须走出一个误区，即技术就是技术指标。技术就是技术指标的理论被当前太多舆论所误导，技术其实是一种以趋势技术为核心的判断方法，它包括趋势、量价、均线、价格形态、K线形态以及一些辅助的指标，但投资者必须明白的是，那些技术指标的重要程度要远低于前面这五项元素。

在操作上，投资者一旦确认上面所述的这些多头信号，即可放心大胆地操作。多头信号确认犹如战场上的冲锋号，号响才冲。

三、抄底目标股选择

1. 政策面受益程度

中国股市具有政策市特征，个股的很多大机会同样受到政策面影响。因此，投资者在判断大势确认底部后，接下来选择个股，首先要考量的因素就是哪些板块个股受益。一般情况下，如果受益板块技术面与政策面形成共振，个股就能迎来大机会。

何谓政策面与技术面形成共振？就是当个股在技术上见底，或已经初步确立上涨趋势时，政策恰到好处地刺激这些股票进入良好的预期循环轨道。投资者会看到股价上涨形成的上行趋势，同时受到政策利好的刺激会增强投资者对股票的信心，资金随即流入股票致使股价上涨，这就形成了政策面与技术面的共振，这样的共振往往能够起到催化股指上涨的作用。

为了能更清楚地理解政策受益，我们不妨举出一些例子。例如，2008年11月，国家推出4万亿元投资计划，大盘随即见底，其中，受益的基础建设板块，譬如铁路建设、路桥建设、公路建设、水泥等板块，因此而大涨，这些板块个股均是受益于国家的经济刺激计划，这就是政策的影响力。再比如，随即国家制定了十大产业振兴计划，相应的板块只要形成了技术上的共振，基本上都有不错的表现。

另外，观察政策面受益程度，也要考虑到利好的作用力和作用时间。作用力越强、时间越长，刺激性就越大；反之，则越小。

2. 被资金面关注程度

资金追逐什么？资金追逐的一定是对未来的预期，包括对未来盈利的预期、未来发展空间的预期等未来一切有利可图的事情。那么，资金面关注的也一定是与预期有关的东西。例如，政策给出的行业发展空间、新的科学发明对未来生活的改变预期、新的生产技术给未来生产效率带来的预期、新的产品给未来盈利带来的预期，等等。资金逐利、逐预期是其本质，是永远不会改变的本质。

根据资金主力逐预期的本质，我们可以寻找这些预期，寻找到未来的利益空间。例如，把握一些突发的机会，就要尽快地介入这些股票。4万亿元投资计划就是突发的市场机会，这则消息被确认之后，要快速介入（当然，在确认之前，根据推理而确认后，也可进行快速介入）。否则，一旦利好被股价透支，这种利好的阶段性意义就不存在了。有关这方面的详细内容，投资者可参考前面章节中关于中铁二局（600528）的分析介绍。

被资金面关注的程度一定会在盘面上显示出来，投资者可以通过技术判断来确认股票的发展趋势。例如，当股价确认见底后，就是投资者的介入机会。一般介入后，相应的各种信息会接踵而至。对投资者来说，当然要追逐那些被资金面关注较多的股票，追逐这种股票的效率要比追逐那些不被资金关注的股票效率高得多。

3. 个股本身概念情况

概念，也称为题材，好听一点叫预期，难听一点叫噱头。但无论如何，一个概念预期对股市有莫大的刺激作用。根据笔者观察，A股市场是特别喜欢炒作概念股的市场，甚至很多概念根本就是胡编乱造的噱头，虽无实际意义，但操作股票却有获利机会。只是，操作这种股票要有足够的技术功底和经验。

笔者曾在《黄金游戏（一）——从A股获利》中详细阐释了概念股的炒作脉络，股票的概念炒作都不会逃脱那些步骤，而个人操作也只有按照那样的步骤才可能稳健获利,安全退出。

一只股票或一个板块,如果对市场有潜在的概念预期,投资者就应该关注这样的预期何时会激起资金的炒作热情,并吸引更多投资者介入。只要本身概念足且没有被消化,就有投机的机会。特别是当市场见底时,之前那些跌幅越大的概念股,反弹的力度越强。当然,前提是概念的预期仍然存在,譬如 2008 年 10 月市场见底后的创投股。图 6.2 显示了创投概念股力合股份(000532)在 2008 年 10 月底大盘见底后的周线图,股价自最低价 3.16 元涨至最高价 12.14 元,涨幅近 300%,是同期大盘涨幅的 3 倍。不过,在之前熊市,此股跌幅也极其凶狠,自 29.28 元高价一直跌落至 3.16 元,跌幅将近 90%。这就是概念股的特点:下跌趋势中暴跌,上涨趋势时暴涨。其实,也正是这种暴涨和暴跌才提供了获得差价的机会,但对于大多数不懂的投资者来说,付出的将是惨重代价。

图 6.2

4. 是否有业绩改善预期

当大势见底后,业绩改善预期同样是选择抄底股的一个重要因素。例如,一只股票或一个行业受到某方面刺激,有业绩大幅提升预期,那么这只股票或这个板块将会迎来上涨的机会。

这里我们以黄金股作为案例来进行解析。图 6.3 与图 6.4 分别显示了国际黄金价格走势与A股中金黄金(600489)的走势(复权价走势图)。中金黄金(600489)基本上与大盘同时见底,由于之前其股价已经从高点的71.79元跌至10.34元,跌幅达86%,见底后股价展开震荡反弹,反弹幅度也较大盘为高,涨幅为当时大盘的4倍多。应该说,如此大的涨幅已经很可观。但此时国际黄金价格调整见底(如图6.3所示),见底后的金价展开震荡攀升。此时,由于美国依然采取弱势美元政策,美元继续贬值,世界通货膨胀预期及金价上涨预期增强。作为生产黄金的黄金上市公司,中金黄金受到这种预期业绩转好的利好刺激。终于,中金黄金在5月中旬开始展开攀升,股价一路快速上扬,短短一个多月时间,涨幅超过1.4倍;自2008年低点计算,涨幅达6.5倍。

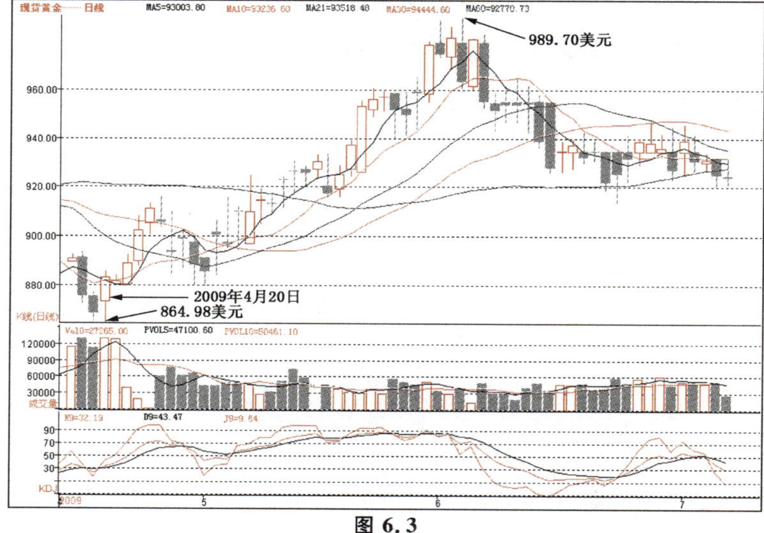

图6.3

5. 技术面见底

任何见底,只有在技术面上见底,才能算是真正见底。换句话说,只有市场走出来的底部才是真正的底部,除此以外,没有任何方法可以提前确认底部。作为一个投机者,在依据任何推理、判断后,最终必须结合到盘面上,必须从盘面上确认行情是否见底。这就是基于当下,只有基于当下的依据才是科学依据;否则,任何依据在当下都不具有意义。

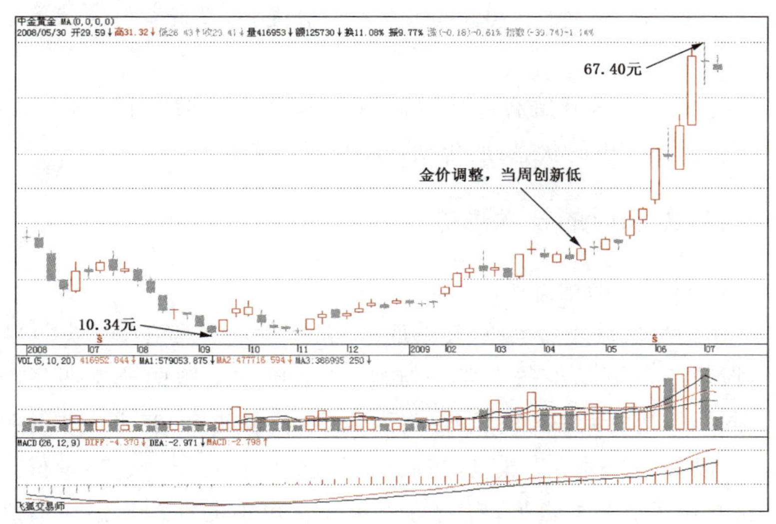

图 6.4

当大盘见底后，正常情况下，大部分个股也会先后见底。但是，有些个股真正确认底部需要很长时间，甚至有些个股会大大晚于大盘见底。这就是说，当大盘见底后，我们选择个股时，必须先确认其已经在底部或正在向底部处运行。从某种意义上说，只有这样的确认才能决策买入；否则，任何买入都是盲目的和充满风险的。

最后，需要再次强调的是：技术性见底才是真正的底部；否则，坚决不能进行买入操作。

第二节 “抄底”操作要领

一、底部技术特征

这里的底部包括阶段性底部和大底，其特征主要有如下四点：

1. 上方卖压很小，下方买盘很大，股价跌难涨易；

2. 场外资金追入积极，股票上涨时伴有量能放大，下跌时缩量特征明显，市场上攻动能强；

3. 场内投资者信心很足，多方占绝对优势，投资者普遍持筹惜售；

4. 主力机构开始有计划地拉抬动作，量价、均线、技术指标等都处于较为理想的状态，股价创新高显得非常容易。

二、见底时的技术形态

1. 见底时的量价形态

无论是大盘还是个股，在见底时，其量价形态都有一个共同特征：股价下跌开始变得非常困难，同样时间内下跌的速率明显降低，同样的量能无法再将股价压低；同时，在量能上，变化也非常明显，当股价上涨时明显放量，当股价下跌时明显缩量。这种量价技术状态在底部非常常见，我们可以用最常出现的底部形态头肩底和双底来做例子。图 6.5 与图 6.6 分别显示了沪市 2005 年见大底的双底形态与 2008 年见底的头肩底形态。很明显，两个图形虽然技术形态不同，呈现的量价关系却一样：在跌不下去后上涨放量，下跌时缩量。可以说，这就是底部量价的最典型也是最常见的特征。

图 6.5

图 6.6

出现这样的量价特征，其背后的原理也很简单：由于下跌幅度较大，投资者逐渐改变了对市场的看法，买入资金开始踊跃，下跌开始变缓。接着，追入资金增加，股价开始上涨，量能开始增加。当股价上涨到一定程度，由于买盘的暂时性枯竭及一些获利盘的涌出，股价开始再次下跌，但在这次下跌过程中，空方力量开始逐渐转多，卖盘逐渐减少，在下跌时量能越来越小。最后，更大的买盘再度涌入，股价再度拉升，量能继续放大，市场进入良性循环，底部就此形成。如果懂得市场见底时的量价原理及规律，对大底及阶段性底部的判断就会有质的提高。

2. 见底时常出现的技术形态

关于这一点，在前面第四章的第二节已经有详细阐释，这里不再赘述。在这里，需要特别提醒投资者的是：一个大底的形成，往往要经过多个技术形态的震荡才能完成。图 6.7 显示了沪市大盘在 2008 年第四季度见底时的形态。图中显示，在大盘最终呈现出一个大头肩底之前，在反弹过程中先出现了一个头肩顶，而且在头肩顶形成的过程中，还出现了一个向下的岛型反转形态。不过，这些假的具有欺骗性的图形在量价关系上被暴露无遗。从图形中可以看出，市场进入了价跌量缩、价涨量增的良性循环。这就是量价在技术判断上的重要性，有时一些迷惑人的东西可以通过量价分析来进行较为清晰的判断。

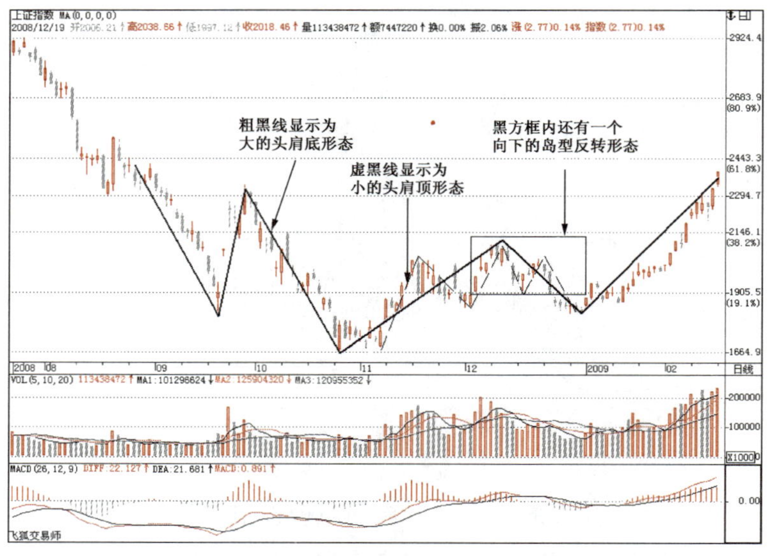

图 6.7

3. 见底时的均线形态

在《黄金游戏(一)——从 A 股获利》的第十一章“移动平均线指标”中，笔者曾详细阐释了均线的技术理论。在技术分析中，较为常用的短期均线包括 3 日、5 日、7 日、10 日均线；较为常用的中期均线包括 20 日、30 日均线；中长期均线一般使用 60 日均线；长期均线一般使用 200 日均线和 250 日均线。当然，在实战应用中，投资者也可以根据自己的经验修改参数，使得均线系统更为完善实用，这里就不再讨论。

那么，见底时的均线是什么形态呢？

一个大底形态，如果从均线上确认，必须满足两个条件：

(1)中长期 60 日均线必须开始从跌势转平，或开始转升，否则就只能是有见底迹象，而不能确认底部成立；

(2)股价必须站上 60 日均线。

这两点反过来说就是：只要大盘运行在 60 日线上方，且 60 日线上升速度依然强劲，就不能说明股票见顶。有兴趣的读者可以看看大盘及大量个股的历史大底部图形，验证一下是否如此。

从理论上说，向上的均线越长期，说明长期趋势越向好。不过，均线越长期，其市场反应越慢。如果只是研究两三年以内的趋势，那么年线以上的均线基本上没有什么意义。一般来说，研究长期趋势最常用的均线就是60日线、120日线、200日线和250日线，其中，250日线一般称为年线。从技术上说，200日线和250日线开始转势，一般意味着长期趋势的转好。不过，也有个别例外，那就是股价短期波动过于剧烈，长期均线将失去实际操作意义。例如，在2005年大盘见底时，研判200日线和250日线就很有意义；但是，在2008年股市见底时，研判的操作意义就不是那么大了，因为等这些长期均线转好，几个月的行情就过去了，这是由于2008年跌速过快所致。

图6.8为沪市大盘自2008年底至2009年初见底时的图形，图中①号线为60日均线，②号线为200日均线。如果按照60日均线确认底部，2009年1月即可确认，但若按照200日均线确认底部，2009年5月才能确认，而2009年5月时指数涨幅超过1 000点。这就是当股价波动剧烈时长期均线的局限性，也再次证明，判断市场必须考虑它的周期性。

4. 根据K线判断底部的注意事项

市场见底时常见的K线形态，在第五章中已经进行了详细阐述，相关内容可参考第五章。这里，笔者只是针对K线的作用以及判断注意事项加以描述。

K线在行情判断中有很强的作用，投资者可以通过K线来考察市场多空的力量，特别是结合成交量，这样的判断会更有效。K线或K线组合能够将多空信号较均线、趋势等技术指标更早地展示给投资者，使投资者可以提前感知市场的风险与机会。

不过，单根K线或K线组合也有很大的局限性。从技术上说，无论单根K线还是K线组合都不能作为判断长期趋势、中期趋势甚至是短期趋势的根据。K线或K线组合显示的只是多空争夺的力量对比，而短线多空力量对比只是对短期行情有一定作用。因此，单根K线或K线组合只能作为一个发现信号的信号弹，判

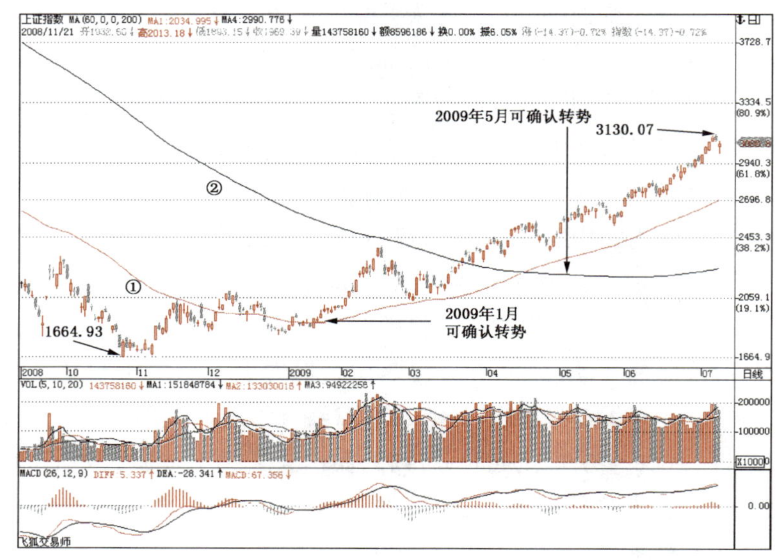

图 6.8

断行情必须与其他技术相结合。

三、底部操作的技术要领

在熊市中，当投资者普遍感觉政策对疲软的市场也不起作用时，当股票已经跌得让大多数投资者麻木时，当市场根本没有任何好消息可传时，投资者就应该注意了。所谓物极必反，市场也是这样。当熊市一旦达到极限，极限后必然是猛烈的反弹甚至反转。

进行底部选股操作，投资者主要应把握如下七条技术要领：

1. 选择在熊市中跌幅巨大，但企业本身并没有什么变化的个股。这类股票的机会就在于它在熊市中的跌幅，“机会是跌出来的”这句话绝对是真理。投资者有兴趣可以到市场中找找，如中金黄金(600489)、上海汽车(600104)等均属于这类股票，它们在2008年大熊市中跌幅巨大，在2008～2009年的反弹中，涨幅同样可观。

2. 选择比大盘更早见底的股票。这些股票的典型特征就是，当大盘还没见底时它已见底，当大盘稍有反弹时它就开始活跃。一般情况下，这类股票都会成为反弹的先锋梯队，是投资者关注的对象。

3. 低位长期盘整、开始放量突破的个股值得关注，有操作价值。这类股票一般在底部长时间盘整，技术上有足够的动力和能量向上突破。

4. 股价处于底部区域，但中长期均线系统呈现多头排列的个股，其20日线、30日线、60日线都开始转势向上。

5. 形成大底技术形态的个股。这类股一般已经过长期的底部盘整，走出了明显的底部形态。一般情况下，这种股票都会有较好表现。

6. 连续放量但无法再创新低的股票。这代表空方力量虽强，但多方买盘力量更强，最终空头会因为筹码枯竭而展开反弹。

7. 大幅下跌后，连续出现多头K线组合形态的股票值得注意。

第三节　主要趋势的"抄底"方法

投资者在市场中主要面临三种类型的抄底：

1. 熊市见底时的抄底。这样的大底是投资者最为关键的抄底。从某种意义上说，熊市见底后，介入得越早，越容易获利，风险系数越小。这里的关键在于：要首先判断大盘见底，在确认大盘见底后，再去选择最新成为热点的板块个股进行操作。

2. 牛市调整时的抄底。实质上，这就是在一只个股经历一波或数波上涨后，当其出现较大幅度的调整，且没有破坏其上涨趋势时的介入机会。这种机会一般出现在牛市上涨趋势中，或熊市为时数月的反弹中，因为那时已经没有大底部的股票可捞，只有选择调整得较为理想的股票作为投机目标。

3. 短期暴跌时的抄底。这种抄底是可遇不可求的机遇。例如，当某只股票因为某种并非致命的利空而导致股价大跌，那么一旦在下方遇到支撑，就可能是较好的抄底良机。

一、熊市见底时的抄底

熊市见底后，能够抄到大底是充满诱惑的。笔者以为，抄到最低价是不现实，也是不安全的，但投资者却可以通过判断大势的见底，然后选择个股的介入时机，从而在大盘刚见底时就能找到市场热点。这样不但可以降低市场成本，还能提高利润率和资金利用率。

那么，熊市见底后，市场有什么特点呢？个人认为，熊市见底时，市场板块个股有两个主要特点：

1. 蓝筹指标股见底

由于指数计算原则是按照发行总市值而非流通市值计算，所以那些超级航母的蓝筹指标股的涨跌对市场影响极大。所以，大势止跌的前提就是诸如中国石油(601857)、中国石化(600028)、工商银行(601398)、建设银行(601939)等这类超级大盘指标股止跌。从某种层面说，只有它们止跌，市场才能稳住；只有它们稳住，市场才能止跌。而且，从市场角度来看，它们就是旗帜，其走势总体上决定了大势的趋势。至少在指数计算方法改变之前，这种格局不会改变。

从实际市场效果来看，只要大盘蓝筹股止跌，指数一般会立刻止跌。整个市场一旦看到大盘蓝筹指标股止跌，马上就会跟风。最终，合力的作用会使大盘止跌。蓝筹指标股具有稳定或破坏市场的作用。例如，大盘在 2008 年第四季度见底，首先就是蓝筹指标股止跌；2007 年 10 月股市见顶后的大跌，源于之前蓝筹指标股的暴涨及中石油天价上市。总结经验教训，蓝筹指标股与大盘息息相关，投资者必须关注它们的走势。

2. 中小盘股、概念股开始活跃

一个大的下跌趋势结束后，谁先会成为炒作的对象？答案有两个：中小盘股和概念股。这两类股票其实在很多方面是重合的，甚至可以归为一大类，因为很多中小盘股本来就是概念股，而概念股在大多数情况下是中小盘股，除非当出现，比如在 2008 年第四季度，政府出台超一般强度的经济刺激政策时，才可能发生盘子较大的个股当作概念股来炒作。

中小盘股或概念股之所以成为见底后第一批炒作对象，有以下两方面原因：

(1)中小盘股或概念股一般盘子较小，需要的资金量相对较少，较为容易撬动和控盘。换句话说就是：操纵中小盘股或概念股相对比较容易，一旦发现大势不对，即可安全撤退，风险相对较小。

(2)经过较长时间、较大幅度的一波熊市折磨后，机构资金相对较为匮乏，在资金量匮乏的情况下，自然没有那么大的能量撬动大盘股。而小盘股由于需要资金量少，机构此时操作这类股票也更适合。

以上两种原因导致中小盘股和概念股成为见底后市场活跃的第一波，也就成为选择的对象。

结合市场，大盘见底后，盘面上板块轮动的特点一般是这样的：

第一波，大盘股见底且市场稳定后，概念股和中小盘股率先活跃，进入上涨周期，股指稳步上涨。此时的行情往往是以“八二”行情为主[“八二”行情与“二八”行情的相关分析，请参考《黄金游戏(一)——从A股获利》]，市场财富效应较为明显。这里可以举两个实例：①2005年6月大势见底后，以股改概念为主导的G股开始轮番表演，这种轮番表演直到2006年7月新老划断前才完成蓝筹股的切换；②2008年10月大势见底，见底后先是蓝筹指标股稳住市场，然后就是诸如基础建设概念、医药概念、中小板等这些概念股与中小盘股开始展开第一轮上涨，这样的上涨轮动一直持续到2009年的四五月份。

第二波，当个股第一轮行情结束、大多数个股进入调整时，大盘蓝筹股开始接棒成为市场热点，即“二八”行情。同样是两个实例：①2006年7月，当个股第一波上涨周期结束后，蓝筹股开始接棒成为市场热点，这种行情一直持续到2006年底；②2008年10月大盘见底后，概念股和中小盘股行情持续了将近半年，一直到2009年4月份，4月份后蓝筹股开始接过上涨的接力棒，这种行情一直持续至今。

一般情况下，经过这样的两波后，如果大势继续向上，那么，这样的轮动会再来一遍。例如，2006年底蓝筹股行情结束后，经过1个月充分的反复震荡和调整，完成了热点切换；接着，自2007年2月至2007年5月底一直都是个股行情，市场普涨，财富效应极其明显，市场进入狂热状态；然后，大家都知道，印花税提高200%的突然利空，使个股行情宣布结束；但是，进入2007年7月后，蓝筹股行情再度崛起，直到2007年10月，整个大牛市结束。

有了这样的A股见底后的轮动特点，投资者如何选股操作，也该基本上清楚了。说白了，就是大盘见大底后，首先选择概念股和中小盘股进行炒作，待中小盘股和概念股基本上轮动得差不多时，再选择蓝筹股进行第二轮炒作。如果经过这两轮炒作，大势仍没走坏，把上面的程序再重复一遍即可。这就是不具体到个股的板块炒作方法。至于选股方面的内容，可以参考《黄金游戏(一)——从A股获利》。

二、牛市调整时的抄底

牛市调整时的抄底，实质上就是把握上升趋势中的波段介入机会。这种把握机会介入的方法看似复杂，其实搞清楚后，同样很简单。

1. 牛市中，个股调整时，投资者必须搞清楚五件事：

(1)大势是否改变

阶段性调整一定是在大势不改的情况下发生的，如果大势改变，那就不是阶段性调整，而是大顶。大势不改变，总体上调整就是出于相对较为安全的考虑，而且若非涨幅太大或突然暴涨，调整的幅度和时间也不会太长。这里的大势包括大盘的大趋势和个股的大趋势。投资者在个股调整时，首先要考虑大盘的大势是否改变，再考虑个股的大趋势是否被破坏。只要这两样都没有改变，调整就是介入时机。

(2)股票价格是否跌破趋势线

一般情况下，普通的调整不会跌破中长期趋势线，即使跌破也会马上收回。因此，投资者在股票调整时，要观察其是否跌破中长期趋势线。如果跌破，就要提高警惕，因为这很可能是运行大趋势在改变。当然，跌破一个趋势线也并不能完全确认大趋势已经改变，因为有时在跌破趋势后会形成新的上行趋势。相关内容，读者可以参考《黄金游戏(二)——熊市能赚钱》。

(3)中长期均线是否转坏

中长期均线对于股票的中长期走势有极强的指导性作用。一般情况下，当股票的中长期均线趋势较好时，股价整体的中长期行情也会表现较好；相反，则较差。例如，当中长期均线由稳健上升转而开始走平时，说明市场上升动能正在降低，中长期趋势有可能走坏；相反，如果中长期趋势线由逐步下降转为走平或转升，则意味着中长期趋势正在走好。因此，中长期趋势如果走坏，投资者就不要轻易去抄所谓的阶段性底，因为抄不好的话，很可能会抄在山顶上。

(4)是否形成顶部形态

虽然说由顶部形态不能绝对确认是顶部，但在大幅上涨后出现顶部技术形态，很可能就是顶部。对于投资者来说，如果考虑在牛市调整时介入股票，首先要考虑大盘和所选择的个股是否形成了顶部形态。如果形成顶部形态，要小心避开，因为如果被套在长期顶部，投资者后市的操作将会非常被动。

(5)量价是否再次进入正态分布

"成交量骗不了人"，是指大盘的成交量骗不了人，个股长期的成交量骗不了人。因为成交量作假就意味着1 000多只股票全部作假，个股成交量可能短期作假，但不可能长期作假。在正常的行情中，量价一般是正态分布，即上涨放量，下跌缩量(如果属于机构持股量较大或主力控盘，成交量有时放得不是很大，股价也会上涨，但这种情况一般出现在牛市中)。假如量价出现了连续相反的动作，下跌放量、上涨缩量，这种调整就可能演变成头部。这是投资者必须关注的地方。

搞清楚这五件事，投资者基本上就应该知道如何取舍。图 6.9 显示了中国平安(601318)在 2007 年上市后的一波大涨走势。图中，趋势线①和趋势线②从未被真正跌破，在这种情况下，投资者即可一直耐心持股，直到走势出现明显的双头形态时为止。

2. 在大势一直向好的情况下，个股跌破趋势线，通常会出现两种情况：

(1)形成窄幅整理平台，经过较长时间的震荡整理后，最终形成新的突破。这种盘整往往会持续数月，但突破后涨幅往往会很可观。图 6.10 为厦门国贸在(600755)在 2006～2007 年间的周 K 线图。当股价完成第一波上涨后，跌破了原有的上行趋势线，接着展开为时半年的震荡整理，整理完成后，股价最终突破平台，形成新的上涨之势。新的上行趋势确立后，股价在半年时间内上涨 400%。

图 6.9

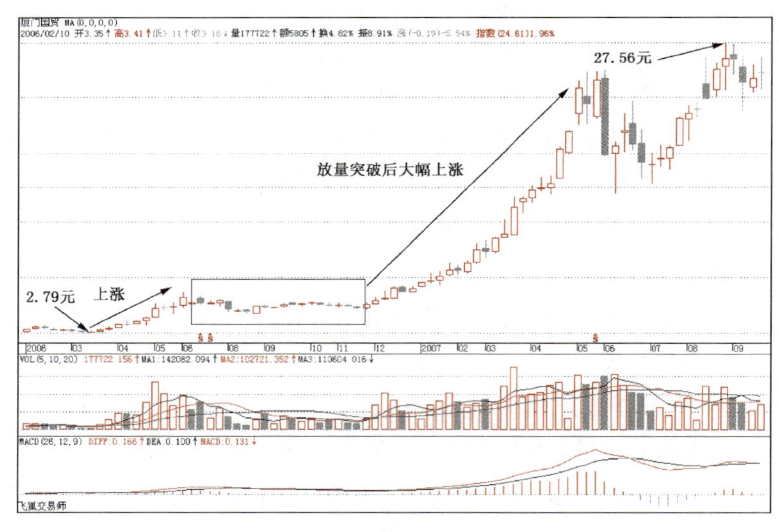

图 6.10

(2)快速回调,空间换时间,很快继续展开新的上涨趋势。图 6.11 显示了首创股份(600008)自 2006 年底至 2007 年 10 月见大顶的走势。当股价跌破趋势线③时,阶段性顶部基本确立,接着股价反弹而受制于趋势线③;随即,股价受压快速下跌,跌破趋势线②时,股票在技术上形成了头肩顶形态,此时形势不明朗,非介入时机;接着,股价跌到趋势①附近才逐渐止跌,受趋势①支撑后,股价快速上涨。类似这样的调整就属于快速调整。

图 6.11

三、短线暴跌时的抄底

短线无缘无故地暴跌,往往会带来抄底的机会,这种机会稍纵即逝,可遇而不可求。这种机会经常是主力进行洗盘或市场对某种信息反应过度所致。投资者如果能够准确判断这样的机会,就能获得较为理想的短期收益机会。

短线暴跌时抄底,投资者必须搞清楚两件事:

1. 为什么突然暴跌

对于一只暴跌股,首先要搞清楚它暴跌的原因,以及这种暴跌原因对上市公司到底有多大影响。一旦搞清楚了这些,就可以去评估这种风险对上市公司到底意味着什么。如果只是看起来风险挺大,但实际上并不会对上市公司造成太大影响的话,一旦股价连续暴跌,就是介入时机。

图 6.12 显示了航天科技(000901)自 2005 年底至 2006 年的走势。2005 年 12 月初,航天科技因为高管腐败被抓,股价连续 3 天

暴跌，从而出现了低吸机会。其实，对于国有上市公司来说，高管对这个企业一般没有决定生死的影响力，国家只要再派一个新的高管即可恢复。所以，这样的利空在大盘没有出现问题的情况下，不应该产生这样的下跌，而且在下跌过程中并未出现恐慌性抛盘；在这种情况下，低吸一般都是安全的。

图 6.12

2. 大势是否改变

当抄底短线暴跌股时，首先必须确认大势是否仍然向好。只有在大势安全的情况下，才能确认个股应该不是见大顶的走势。如果再考虑到个股前期涨幅不大及利空被高估等因素，在股价莫名其妙连续暴跌时，即可择机低吸。相反，如果大势见顶，那么快速的下跌很可能意味着个股要见顶，这个时候抄底风险极大。

综上所述，抄底短线暴跌股，只有在大势没有系统性风险，且个股利空被严重高估导致股价大幅下跌时才有机会。从某种意义上说，如果不满足这些条件，这种抄底就不是安全的抄底。

小　结

1. 抄底就是在风险系数相对较低、机会相对较大的时候介入，然后努力实现利润最大化。抄底不是买在最低价,而是买在相对低位但可以确认安全的位置。也就是说,抄底实质上就在于两点:(1)判断大势的风险/机会系数;(2)发现风险过去、机会来临,抓住机会介入。

2. 抄底的战略步骤包括:判断大趋势、发现大盘多头信号、抄底目标股选择。其中,判断大趋势包括判断大盘趋势和判断个股趋势;发现大盘多头信号包括政策面、资金面、基本面和技术面的多头信号;抄底目标股选择主要考虑政策面因素、资金面因素、个股本身概念因素、个股基本面预期因素与技术面因素。

3. 底部的特征主要有如下四点:

(1)上方卖压很小,下方买盘很大,股价跌难涨易;

(2)场外资金追入积极,股票上涨时伴有量能放大,下跌时缩量特征明显,市场上攻动能强;

(3)场内投资者信心很足,多方占绝对优势,投资者普遍持筹惜售;

(4)主力机构开始有计划地拉抬动作,量价、均线、技术指标等都处于较为理想的状态,股价创新高显得非常容易。

4. 无论是大盘还是个股,在见底时,其量价形态都有一个共同特征:股价下跌开始变得非常困难,同样时间内下跌的速率明显降低,同样的量能无法再将股价压低;同时,在量能上,变化也非常明显,当股价上涨时明显放量,当股价下跌时明显缩量。

5. 一个大底形态,如果从均线上确认,必须满足两个条件:

(1)中长期60日均线必须开始从跌势转平,或开始转升,否则就只能是有见底迹象,而不能确认底部成立;

(2)股价必须站上60日均线。

6. 牛市中,个股调整时,投资者必须搞清楚五件事:(1)大势是否改变;(2)股票价格是否跌破趋势线;(3)中长期均线是否转坏;(4)是否形成顶部形态;(5)量价是否再次进入正态分布。

7. 短线暴跌时抄底,投资者必须搞清楚两件事:(1)为什么突然暴跌;(2)大势是否改变。

第七章　移动平均线系统买入方法

移动平均线，是一个最常见、最普通的技术指标，但也是最重要的指标之一。移动平均线经常被提及，而实际上却是最容易被忽视的指标。均线之所以重要，基于如下三点：

1. 均线比趋势线更早、更快地发现趋势方向。均线其实就是更为贴近实际运行的趋势线。通过对均线的判断，完全可以对趋势做出预判。而且，由于均线参数可随意调整，无论短、中、长趋势都能进行有效的判断。在市场中，我们常用的多头排列是指均线向上，空头排列是指均线向下。

2. 均线可以测算阶段性市场成本，可以感知市场的支撑和压力，有利于投资者对未来运行的空间和趋势做出提前预判。

3. 均线可以作为实战的重要工具之一。根据均线的运行，完全可以做出实战判断；而均线对于实战判断，特别是对中期操作的实战判断，有极大的指导意义。

当然，均线系统并不精确，市场中经常出现欺骗性很强的均线形态。但是，基于以上三点，投资者有必要掌握均线的应用。笔者在《黄金游戏（一）——从 A 股获利》中，已经详细描述了趋势线的特性和运用，但实战方面的内容相对较少。为了使读者对均线技术系统有更深刻的认识及应用能力，本章将详细阐释均线系统在实战操作中的应用。

第一节 均线的使用原理

根据笔者的经验，均线系统的使用必须服从两个原理，但这两个原理却互为悖论，是需要投资者去深刻体会的东西：

1. 短期均线服从长期均线原理

由于短期均线波动较大，随机性更强，从趋势的角度考虑，除大势的反转外，短期均线必须服从长期均线。市场出现大的变盘，一般都是按照更为长期的均线方向变盘。例如，每一次有一定级别的方向性改变，其前提均为 60 日均线出现方向性的转变。图 7.1 显示了沪市大盘在 2009 年 1 月份确认见底后的趋势形态。当时，20 日线仍然下行，但指数放量突破了 20 日线和 60 日线，且 60 日线转而上行。此时，应以 60 日线的趋势方向为准。

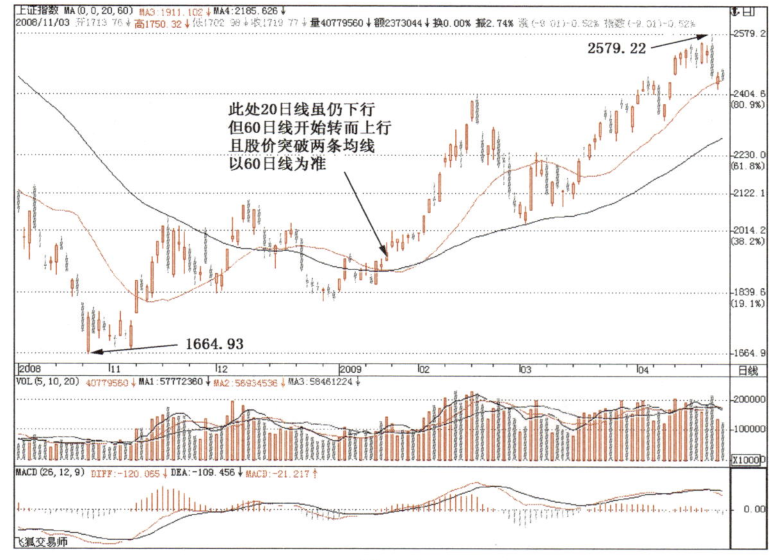

图 7.1

2. 均线反转原理

市场出现与短期均线服从长期均线原理相反的走势，这种情况主要发生在见顶反转或见底反转中。此时要考察的是市场产生的均线反转的能量和力度。均线服从原理具有较大的市场惯性。

在一般情况下，市场无力扭转这种惯性。然而，凡事总有例外，当市场见大顶或见大底时，往往会出现这种例外。判断均线反转原则必须满足一个前提条件，那就是必须伴随巨额的成交量，也只有巨额的成交量才能出现扭转趋势的动能。图 7.2 显示了沪市大盘在 2008 年大盘见底时的大成交量，此时，虽然 60 日均线仍然下行，但大成交量已经表明市场有反转趋势，这就是均线反转原理在发生作用。

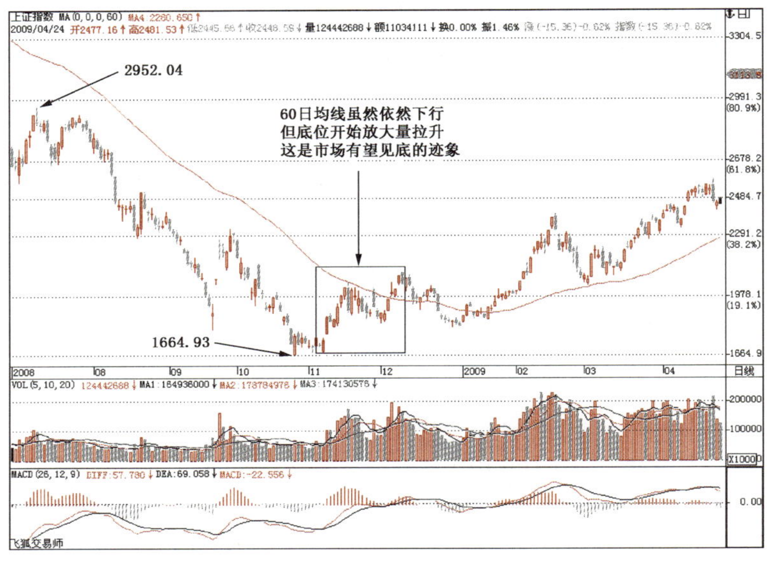

图 7.2

第二节　常见的均线状态分析方法

在市场中，均线有各种不同的状态，投资者通过均线判断和交易，实际上就是通过判断这些均线的状态来得出答案。笔者在此将针对均线的各种状态来阐述均线的分析方法。

一、均线回填

什么叫均线回填？均线回填就是当股价上涨或下跌，脱离均线较远时，均线对股价有天然的吸引作用，这个吸引作用所导致的股价向均线粘合就是回填。

均线回填的原理很简单，均线反映的是整体市场成本，当市场上涨时，市场成本也随之上升。股价在短期内若上涨过快，其换手往往不够充分，市场短期获利盘会出现回吐，形成获利卖压，股价向成本线回调；相反，若股价短期内下跌过快，由于市场成本没有快速下降，市场平均成本出现亏损，相应抛压就会减轻，此时往往出现空头回补，买盘力量增加，股价向均线反弹。例如，20 日均线反映了 20 日内投资者的平均成本。均线回填在牛市中表现为上涨中的回调，在熊市中表现为下跌中的反弹。

二、均线粘合

均线粘合，顾名思义，就是多条均线粘合在一起。根据均线的成本原理，均线粘合所代表的意义就是，阶段性市场成本趋于一致。例如，60 日、30 日、20 日、10 日、5 日这些均线粘合在一起，就意味着市场中 60 日、30 日、20 日、10 日及 5 日内的投资者成本趋于一致。

在市场中，成本趋于一致，多空必然会展开博弈和争夺，多方胜则涨，空方胜则跌。如果双方力量均衡，则会出现窄幅震荡局面。均线粘合一般出现在上涨或下跌后，粘合后会根据多空力量做出方向性选择。如果一时多空无法分出胜负，则会展开窄幅震荡调整。

对投资者来说，均线粘合很可能意味着市场要变盘，至少意味着股价要经受阶段性调整。粘合是投资者务必关注的重要均线状态，粘合后的选择是判断趋势的重要依据。

其实，当均线出现粘合现象时，市场上所有的人都能看出来，重要的不是看出来，而是在变盘前发现趋势的变化，从而先人一步介入或退出。均线的判断必须遵循均线使用原理。例如，若短期均线粘合，而长期均线依然强劲向上或由向下开始转平，那么变盘方向多半向上；相反，若短期均线粘合，而中长期均线由向上开始转平或继续向下，变盘的方向多半向下。

均线的使用也有它自身的弱点，那就是无法判断高点或低点，且其判断有一定的滞后性。例如，高位见顶后，其均线往往还在继续上行，但股价已经明显出现顶部，甚至跌破均线。因此，当股价跌破重要均线且反弹无力时，就要注意卖出。

均线系统虽然是炒股中的最重要工具之一，却不是唯一的工具。市场中的任何分析工具都不是万能的，也不是完善的，都有其自身的缺陷和短处。因此，投资者进行技术判断时，不能完全迷信于一种技术，而要结合多项重要技术进行判断，这样才更为准确。比如说，可以利用趋势、量价、技术形态等配合均线进行判断，多项技术合用其实是一个取长补短的过程。

三、均线修复

由于均线在市场中代表的是时间段内的成本，所以，当市场上行时，市场成本会逐渐上升，均线向上运行；相反，当市场下行时，市场成本会逐渐下降，均线向下运行。在市场运行中，股价始终围绕着均线进行波动，而均线运行的方向往往就是趋势的方向。股价与均线之间是相互吸引、运行方式不同的曲线，当股价远离均线时，由于成本因素，将导致股价向均线回归，从而形成回调或反弹，这种现象就是均线的修复。

1. 均线修复方式

均线有两种修复方式：主动修复和被动修复。

(1)主动修复

主动修复是指，当股价偏离均线较远时，股价出现剧烈波动，并通过剧烈波动，快速向均线靠拢。这种修复往往出现在股价暴涨或暴跌后。

①暴涨后的主动性修复

当股价突遇某种利好、被大资金操纵或进入冲顶时，会突然出现连续的快速拉升。经过快速的上涨后，股价远离均线，同时短期、中期、长期均线处于发散状态。当上升动能消耗殆尽，涌动的买盘大量被满足时，买盘力量趋弱，市场卖盘大幅增加，买卖力量严重失衡，股价随即快速下跌。股价的下跌又会带来新的恐慌盘，市场泥沙俱下，股价将主动性地向均线靠拢。这是暴涨后的主动性修复。

②暴跌后的主动性修复

当股价破位下跌或连续下跌后，市场进入恐慌阶段。连续暴跌，股价快速远离均线，短期、中期、长期均线呈发散状态。当恐慌性抛盘逐渐力竭，市场抛压减轻，低位回补和多头形成做多力量，市场出现快速反弹，股价快速向均线靠近。这是暴跌后的主动性修复。

(2)被动修复

在市场运行中，有时由于市场处于超强状态，当股价暴涨或暴跌，股价远离均线后，并未出现主动性的快速修复。此时，市场一般会出现强势震荡，股价原地踏步。在震荡过程中，均线会被动性地上行，与股价靠近。这就是被动性均线的修复，这类情况一般出现在下跌或上涨途中，是上涨或下跌的中期。

①上涨趋势中的被动修复

市场处于上升趋势中，当股价偏离均线时，由于市场处于强势，交投活跃，卖盘压力被踊跃入市的资金接盘，股票获得充分换手，获利盘减少，整体市场成本上升，市场最终没有完成主动性修复的动力，只能被动地等待均线跟进。一旦均线跟进，由于市场成本趋于一致，股价获利盘基本消化，市场会重新进入升势。这就是上升趋势中的被动均线修复。

②下跌趋势中的被动修复

市场处于下跌趋势中，当股价偏离均线时，由于市场刚刚遭受空方打压，处于极度弱势，交投清淡，市场缺少新的、强大的买盘力量，导致股价无法强力反弹，最终只能原地踏步。一旦均线压下来，由于市场成本再度趋于一致，新的大量卖压会再次涌出，股价会继续下跌。这就是下跌趋势中的被动均线修复。

2. 均线修复方式的判断

在市场运行过程中，股价不断出现波动和均线的修复。对于均线的修复，关键问题不是看它如何修复，而是要根据当时的状态，判断市场会选择何种修复方式，以便提前预判未来趋势的运行。对于修复方式的判断，主要考虑以下四方面因素：

(1)量能因素

一般情况下，上涨时成交连续活跃，形成强势市场整理，出现均线被动修复的可能性就大；相反，则可能出现主动性的修复。这里，主要考虑的是市场充分换手，前者换手较为充分，市场买盘力量足；后者换手不够，市场买盘力量相对较弱。如果股价连续下跌后，市场成交低迷，换手不够，反弹乏力，此时由于市场信心缺失，股价一般不会出现强势反弹，从而形成下跌时的被动性修复。

(2)速度因素

主动性修复一般出现在暴涨暴跌后，被动性修复一般出现在相对温和的上涨或下跌后。

(3)均线的发散程度

主动性修复一般发生在均线发散程度较大时，被动性修复往往出现在均线发散程度较为温和时。

(4)乖离率因素

当乖离率很大时，往往会出现主动性的回调，会进行主动性修复；相反，如果乖离率不是很大，一般会出现被动性修复。

四、均线发散

均线的发散往往出现在股价剧烈波动时；发散从短期均线开始，逐渐向中长期均线蔓延。均线发散是趋势与股价剧烈变化的信号，是投资者必须关注的时间点。一般情况下，一旦均线出现发散，往往意味着市场的剧烈变动，而在剧烈变动中和剧烈变动后，都会因为剧烈变动而涌现新的机会。

因此，对于投资者来说，一旦均线发散，就要对市场做出新的评估和判断，并对后市的策略做出相应调整，以备新的机会出现。

五、均线背离

很多投资者不明白背离的基本概念，关于讨论背离概念的邮件经常出现在“黄金游戏”系列的交流邮箱中。其实，背离就是指，股价运行趋势与呈现它的指标之间发生方向性的不一致，或度量上的不一致。例如，股价向上运行，均线呈现下行趋势，就是股价与均线的背离。短期均线出现背离对市场影响不大，但中长期均线的背离往往意味着趋势原来运行的方向难以持续，有可能改向均线运行的方向运行。

均线背离主要分为两种：顶部的背离与底部的背离。从成本的角度，比较好理解这两种背离。当股票见顶后，中长期均线开始向下运行，中长期成本在下降，而此时股价若与中长期均线背离上行，那么后市将随着股价突破中长期均线而上升，股价与成本线会脱离得越来越远，市场抛压越来越大，最终导致股价趋势向中长期均线趋势逆转。当股价见底时，中长期均线的背离往往最终导致均线逆转而与股价同步向上。这里的背离也很好理解，当股价长期下跌，中长期均线同时也长期下跌时，一旦股价向下运行的速率逐渐降低，随之中长期均线下行的速度也会降低，此时若出现一波时间较长的反攻并突破中长期均线，则均线会随着股价的上涨，转而跟随股价上行。

图 7.3 显示了沪市大盘在 2008 年初和 2008 年底出现的顶背离和底背离。

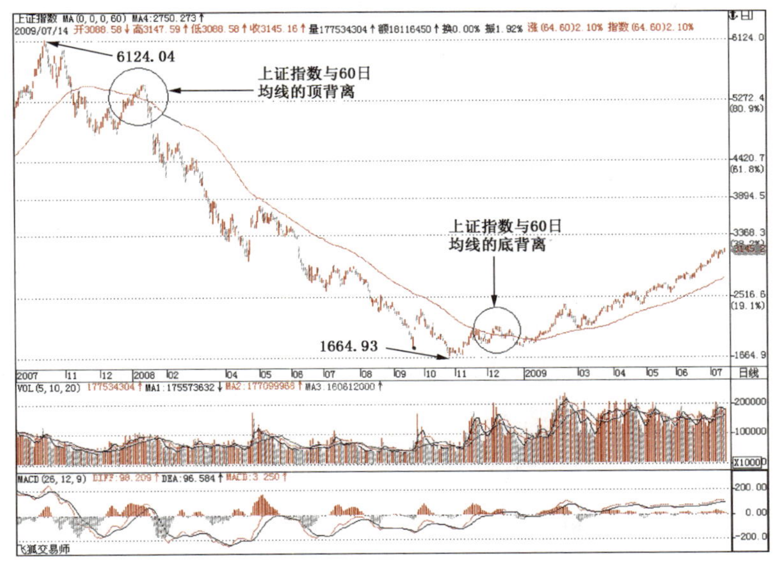

图 7.3

对于均线和股价，我们可以将它们比喻成拔河的双方，哪一方的力气更大，最终就会沿着谁的方向运行。当股价经过较长时间上涨见顶后，市场总体上是弱势的。此时的反弹，即使一时强势突破中长期均线，但由于均线有继续下行的动力，最终股价上升的动力枯竭，必然会随均线下行。相反，如果股价经过较长时间下跌，空方动能释放基本完成，此时均线下跌速度逐渐放缓，其总体向下运行的动能也在减弱。此时，若股价有较为强势的上涨，则股价力量强于均线力量，均线最终会被股价扭转。图 7.3 中的两次背离就是这种情况的现实案例。

股价与均线出现交叉背离的情况，在市场中较为常见，这种指标并不能作为判断转势的绝对性指标。真正的判断趋势，应该使用多指标与外部环境结合起来判断。在运用均线背离技术时，投资者一般要注意如下三个问题：

1. 背离必须在股价穿越均线的情况下。如果没有穿越，即使运行方向相反，也不能成为均线背离。

2. 均线判断短期顶底，容易失误。判断短期的顶底时，只有在股价出现剧烈震荡的情况下才可靠；相反，如果股价与均线发生背离，但股价并未出现剧烈震荡，此时说明股价运行并不理会均线的背离，股价依然沿着原有的趋势或状态运行。

3. 在市场处于极其强势或极其弱势的状态下，应当运用均线反转原理来判断市场。在极其强势的市场中，由于连续放量突破均线，股价与均线发生背离，突破后股价在高位强势震荡。此时，往往是均线在犹豫后跟上股价的运行。判断这一点，如上文所说，关键在于，成交量必须连续放大。在极其弱势的市场中，由于连续破位下跌，当股价在低位反弹无力时，即使此时股价逐渐走稳，也不是买入时机。如前所述，随着均线的下压，股价仍有较大可能破位下跌而形成新的下跌趋势。图 7.4 和图 7.5 分别显示了沪市大盘在 2003 年底与 2008 年中出现的前述情况。

六、均线穿越

股价穿越均线的情形很普遍，而且均线穿越经常发出错误或虚假的突破信号。很遗憾的是，没有方法能够绝对准确地判断出哪些是虚假或错误的信号，哪些是真实的突破信号。对于突破均线，通常有两种方法来判断是虚假突破还是真实突破：

1. 比例法

比例法主要用来判断中长期趋势，均线参数周期一般较长。例如，大盘突破 60 日均线 3%时，被认为是有效突破；反之，投资者

图 7.4

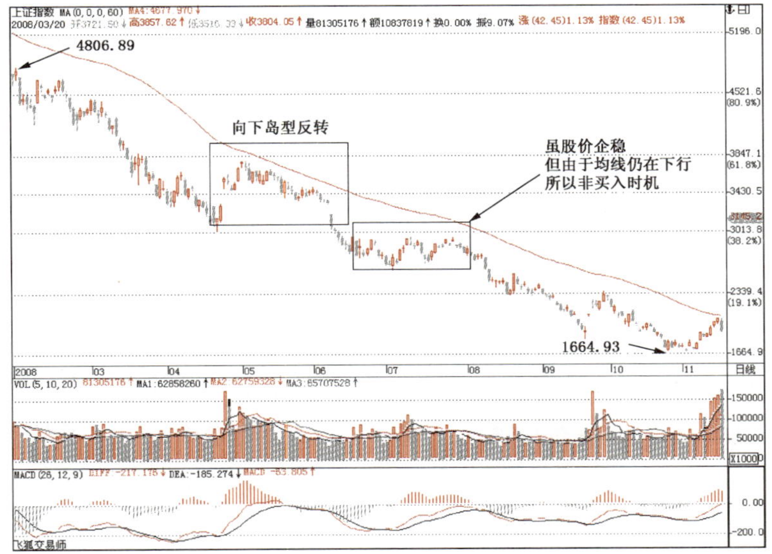

图 7.5

则应该等待。

2. 等待法

等待法相对可以应用在中短期趋势上。例如，当大盘突破 60

日均线后两个或三个交易日能够站稳，即可认为是有效突破。

另外，投资者在判断均线突破时，一定要注意另外两点：

第一，均线的运行方向。当股价运行方向与中长期均线的运行方向发生背离时，投资者要注意，其突破可能是假突破。例如，股票见顶后，60日线下行，股价突破均线后，60日线并没有跟随股价扭转的趋势，这种突破就可能是假突破。

第二，突破均线时的量能。一般情况下，当被均线压制或支撑，若股价放量突破或跌破均线，则认为相应的周期性突破为有效突破。

七、均线角度

当股票处于上升趋势时，均线较为理想的上升角度范围一般是45°±15°，超过这个理想角度上限的上涨，一般难以长期维持；低于这个角度下限的上涨，一般较为缓慢，可以说，并未进入较为理想的上升状态。

当股票处于下跌趋势时，均线正常下降角度范围一般也在45°±15°，如果大于上限，其下跌趋势往往不会长期持续。如果小于下限，则有两种状况：(1)还未有效下跌；(2)已经跌够，趋势正在转好。

均线角度用来衡量相应周期的趋势状况。上升趋势中，角度越大，代表相应周期的上升力度越猛，相反就越弱；下降趋势中，角度越大，代表相应周期的下跌力度越猛，相反就越弱。

均线是分析市场的重要工具，但不是唯一的工具，也不是任何时候皆准的工具。笔者向来的观点就是：判断市场不要只用一种工具，而要利用几种主要工具进行综合性的判断。例如，趋势、均线、量价、技术形态、K线就是技术分析最主要的五大因素，而相应其他诸如MACD、BOLL、RSI等指标则可作为参考因素。

在市场中，当一只股票的筹码集中度过高，被较大程度地控制后，其走势往往会出乎一般判断的预料。例如，一只股票之前一直弱势盘整、疲疲沓沓，突然就因为某种因素连续涨停，这就是典型的庄股。对于这种股票，投资者一般需要长时间的跟踪，然后在大势不变的情况下与主力对阵，一直持有筹码。一般在牛市中对有概念的 ST 股,使用这种策略比较有效。

另外,投资者利用均线分析,一定要注意均线周期的长短、均线的排列状态以及均线的上涨角度。只有利用这些因素进行综合判断,才能更准确地把握行情。

真正有用的是均线系统,也就是由若干条代表短期、中期、长期走势的均线所构成的技术评价系统。

第三节 短期、中期、长期均线获利方法

在实际操作中,均线系统总体上来说不是由一根均线判断,而是由若干条代表短期、中期、长期走势的均线构成相应的评价系统。道理很简单,如果股价站在 10 日均线上面,说明股价相对于 10 日均线处于强势状态;相反,如果股价处于 10 日均线下面,就代表弱势状态。如果股价站在 10 日均线上面,却在 20 日均线下面,那么股票相对于 10 日均线是强势,相对于 20 日均线就是弱势。

趋势到底是强还是弱?有什么样的判断标准?又该如何实际操作呢?这些问题,同样适用于短期服从长期的均线原理。例如,当股价运行在 20 日线上方及 60 日线下方,说明中短线股价处于强势状态,但中长线仍处于弱势状态。再比如,若股价已经站在 60 日线上方,中长期走好,但代表长期走势的 200 日均线和 250 日均线还未走好,这是否可以看作介入机会呢?其实,市场强弱都是相对的,最关键的问题是,操作者以什么样的标准来介入。如同上面的例子,就中长期的投资者来说,是好的介入机会,而对于超长期的投资者来说则不一定。这就是为什么笔者在博客中一直强调:买入前一定要搞清楚,是要做短线还是做中长线;确认了介入标准,就可以选择相应的介入机会了。

根据均线判断市场,无非就是通过判断股价与均线、均线与均线的位置关系来判断行情。而股价与均线的关系,无非就是在上、在下和穿越;均线与均线的关系无非就是粘合和发散。

我们已经描述了股价与均线位置关系的含义,在上处于强势,在下处于弱势。均线与均线的位置关系含义是:长期均线在上代

表弱势，即空头市场；长期均线在下代表强势，即多头市场。市场的财富效应当然出现在短期均线在上的行情中。

一、均线之间的位置关系

均线与均线的位置关系是判断行情的关键，它们的位置关系主要有三类：

1. 深度缠绕

短期均线围绕长期均线上下反复小幅震荡缠绕，或粘合在一起。这种状况一般出现在一段趋势后的较大级别调整中和趋势发生转折时，实质上，这种缠绕后面临的就是股票阶段性选择方向。因此，这种情况是投资者需要做出抉择判断的时候。特别应该注意的是，若长期、中期、短期均线粘合在一起，往往意味着趋势的大转折。图 7.6 显示了沪市自 2007 年底至 2008 年初，大盘在最后一波技术反弹后见大顶时的形态，当 20 日、30 日、60 日、120 日这些分别代表中短线、中线、中长线、长线的均线，出现粘合且方向有所改变时，市场就彻底见了大顶。

图 7.6

2. 蜻蜓点水

短期均线阶段性向长期均线靠近，但并不相交，即按照原来的趋势运行。这是市场运行中最常见的均线技术形态，特别是在下行趋势中，一般来说，短期均线一旦出现阶段性向长期均线靠近，反弹往往就基本结束了。如图 7.7 所示，与图 7.6 同一个位置，当 30 日均线向 60 日均线靠近但未相交时，反弹结束。

图 7.7

3. 并驾齐驱

短期均线基本上与长期均线保持较远的距离，只是有时短期均线略微走平，与长期均线稍稍靠近一点，随即又开始原来的趋势运行。这种情形不太常见，一般只出现在极度强势或极度弱势之中。但实际上，这种剧烈的走势往往是难以持续的。图 7.8 显示了东方通信(600776)在 2006 年 5 月出现的并驾齐驱走势。

二、均线的两种缠绕状态

以上三种走势，第一种最为重要，第二种次之，最后是第三种。之所以第一种最为重要，是因为行情的转折往往出现在深度缠绕之后。根据笔者的经验，有两种缠绕状态很常见，也很重要：

1. 陷阱式

当股票的短期均线和长期均线经过缠绕后，突然突破相应均线，并向原来均线运行的方向剧烈运动一段距离，然后股票发生转

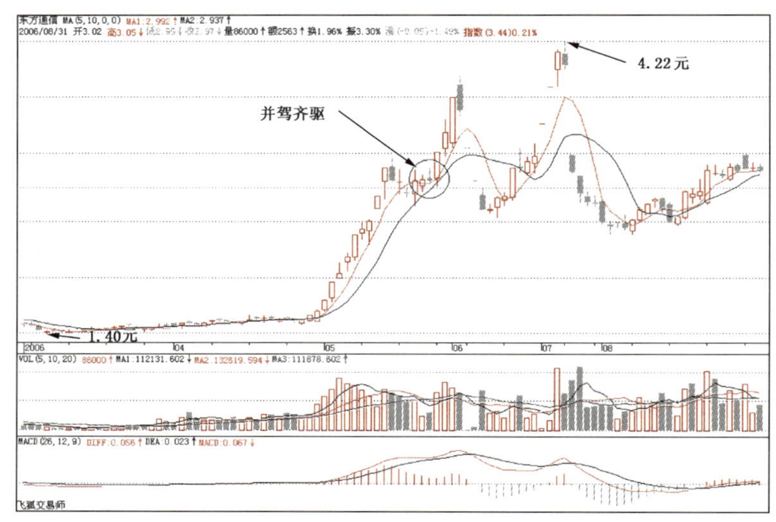

图 7.8

折。应用在上涨趋势中就是多头陷阱，应用在下跌趋势中就是空头陷阱。

2. 转折式

当股票的短期均线与长期均线经过反复、长时间的缠绕后，使得 K 线图上形成了一个窄幅的箱体，震荡完成股票的选择方向后，往往伴随着较剧烈的趋势运动。例如，当处于较为长期的下跌趋势，长期均线较长时间运行在短期均线上方，如果出现这种转折式缠绕后，短期均线和股价突破长期均线，则很可能意味着市场见底，阶段性机会出现。

三、均线操作法

在市场操作中，投资者所面对的无非是四种选择：买、卖、持有和空仓。空仓在这里可以忽略不提，关键就在于买和卖的时机选择，持有是中间状态。简单点说，投资者必须明白，自己在干什么？为什么买？在何种情况下卖？出现意外时应如何应付？等等。一般情况下，投资者可以根据操作的周期，将均线操作法分为短期均线操作法、中长期均线操作法和长短期结合的均线操作法。

1. 短期均线操作法

(1)短期操作原则

①短线操作需要关注大势。关注大势的原因很简单，就是在没有系统性风险的情况下进行短线操作；反之，如果在系统性风险很强的市场中进行短线市场操作，可能招致大幅的亏损，甚至不小心被深套。

②熊市中短线操作，要早于技术指标发出卖出信号卖出。也就是说，只要有一定利润，当技术指标还未出现特别明显的信号时，即可考虑卖出。

③短线操作必须注意时间成本。一旦股票在短期内没有按照判断的走势运行，就要及时卖出，短线操作忌讳资金停滞。

④短线操作注意止损。短线坚决不能被套，投资者要在最没有机会跌的时候介入，在跌破止损位时退出。

⑤短线操作需要快进快出。短线不可长期恋战，不能把短线炒成中线，把中线炒成长线。短线就是短线，找的就是市场空隙和短期波动差价。当然，短线对技术要求和盘面感觉要求较高。

⑥不加仓原则。短线决不能因为亏损而补仓。

⑦第一时间原则，如果感觉节奏错过，即不再追。

⑧把握热点原则。一般只有热点股才有较快速的短期波动，也才有有效的短期差价。

⑨介入看量原则。即当股票启动时，要注意量能变化，如果没有量能支撑，则不进为妙。

(2)5 日、10 日、20 日三线操作法

首先，这三条均线分别有各自的功能。5 日、10 日线为操作线，即利用它们来判断短线的操作时机；20 日线为定向线，即利用它来判断中短线的方向。若 20 日线在上且运行方向朝下，5 日线、10 日线均在下，那么这属于不可操作范围；相反，才是可操作范围。但是，如果三线互相缠绕，根据缠绕的规律，缠绕无非是趋势的中继或趋势的转折，这就需要明确的多空信号，才能进行相应判断。

图 7.9 显示了东方通信(600776)自 2008 年 7 月至 2009 年 4 月的走势。左边第一个方框内是 2008 年 7 月的走势图，其中，20 日均线定向线向上，5 日线、10 日线和股价均运行在 20 日线上方，

看似一个合理的操作平台。但实际上，这并非一个很好的操作技术平台，原因有三点：(1)三线在缠绕中；(2)股价一直未能脱离20日线；(3)量能上没有任何体现。这个时候，首先可以确认，这是一个非理想操作平台，即使试着操作，当三线再度转而向下时，就是离场的时机，因为可以确认没有短线操作机会，再结合当时大势，离场是最明智的选择。此股从2008年8月开始再度进入下跌周期，此后连续三个多月一直处于不可操作的技术状态。2008年11月，大盘大势出现了好转，此股也开始出现第一个较为理想的中短线操作时机。如图7.9所示，在股价最低区域，股价、均线开始出现变化。首先，股价在不创新低后开始放量突破，连续放量后一口气突破5日线、10日线和20日线，接着5日线、10日线和20日线陆续形成黄金交叉，量能继续放大，股票进入中短线操作范围。直到第二个方框处，三线开始粘合，重新进入了中短线的不可操作区。接着，2009年2月初股价再度放量突破三线，5日线和10日线再度突破20日线形成黄金交叉，这样股票再度进入中短线的操作区。

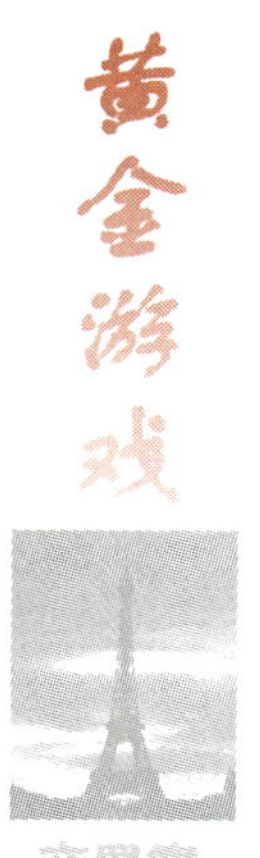

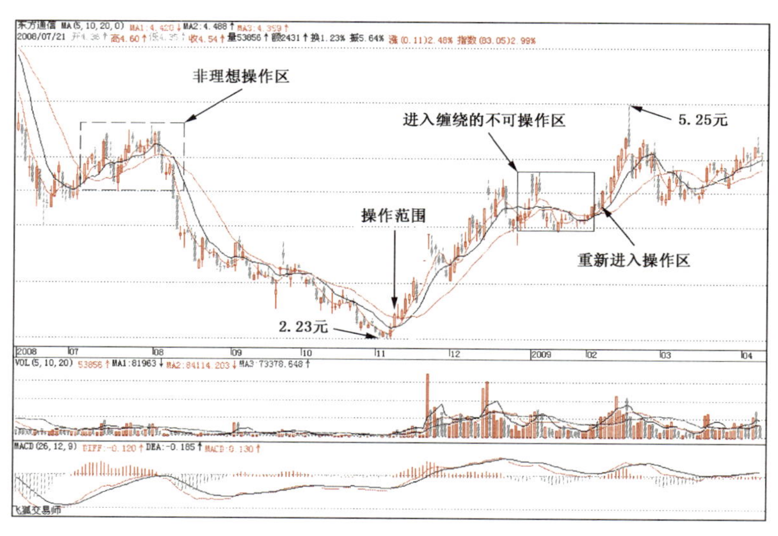

图 7.9

从以上实例中，我们可以看出，三线操作法在股票实际操作当中是极其有效的短线操作法。当然，这并非是没有缺陷的中短线操作法。比如说，它可能会错过极度的底背离；中短线由于存在均线假突破的情况，就可能导致判断上的失误。但这并不能否定均线在市场操作中的作用。实际上，世界上也不存在没有瑕疵的技术。在实际操作当中，利用这种简单有效的方法，再加上其他技术，譬如 MACD、量价、消息面、政策面等，结合起来进行判断，最终形成的就是一个完善的操作系统，操作起来也会得心应手。

以上只是短线均线操作配合的案例，读者自己可以根据具体个股和个人习惯的不同，适当对这些均线做出调整。例如，有些投资者更愿意把周期放长一些，把 20 日线换成 30 日线；有些投资者是利用斐波那契奇数来进行均线的排列，这些都是可行的。原则是要适用，以个人使用得心应手为前提。

2. 中长期均线操作法

(1)中长期操作原则

①中长线操作更要关注大势。因为中长期操盘就是以大势为操作基础，只有在大势向好的情况下，才能进行中长线的操盘；反之，如果在系统性风险很大或趋势向下的市场中进行中长线投资，结局只有一个——亏损。

②当出现有趋势变化的告警信号时，中长线操作要开始提高警惕，一旦技术意义上确认或明显风险加大，应择机部分退出或全部退出。

③中长线操作必须注意个股大势，即整体图形趋势是否具备相应的长期上涨动力和爆发力。

④中长线操作允许一定程度的浅套，但买入时，一定要选好至少没有系统性风险的时机。一旦出现系统性风险，唯一正确的做法就是退出。

⑤中长线要有耐心，不应因为小幅、短期的波动而丧失持股信心。从技术意义上说，只要不超出当时的预估，就可以耐心持股。

⑥可适当追加投资。当股票向下调整而整体趋势不变，或股票突破进入新的区间时，可进行加仓操作。

⑦把握大的板块轮动。对于中长线投资，少则一两个月，多则长达数年。对于这样的投资，关键就在于对大的热点板块的把握。

⑧介入看量原则。即当股票有新的突破时，要注意量能是否伴有积极变化。对于中长线的股票来说，连续放量，然后展开突破

才是有效突破，后劲也才更足。

(2)20 日、30 日、60 日三线操作法

与中短线的三线操作法相同，这三条均线分别有各自的功能。20 日线和 30 日线为操作线，即利用它们来判断操作时机；60 日线为中长期定向线，即利用 60 日线来判断中长线的方向。若 60 日线在上且运行方向向下，20 日线、30 日线均在下，这属于空仓不可操作范围；相反，就是可操作范围。但是，如果三线互相缠绕，根据缠绕的规律，缠绕意味着趋势的中继或趋势的转折，这就需要明确的多空信号才能进行相应判断。

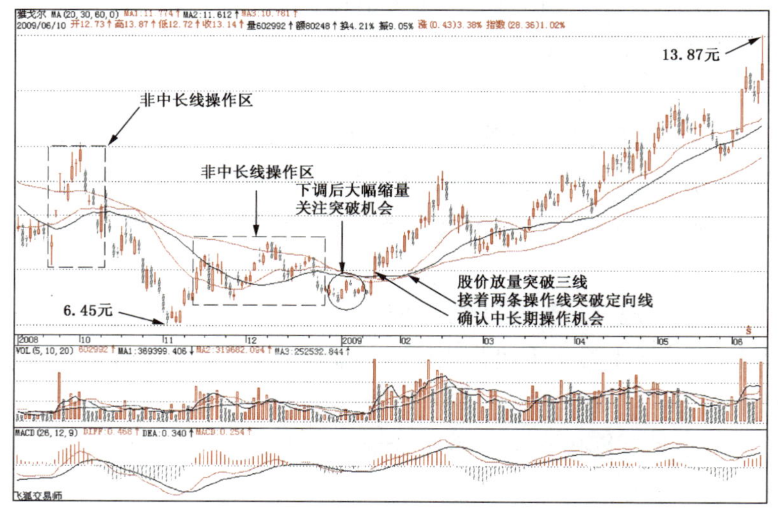

图 7.10

图 7.10 显示了雅戈尔(600177)自 2008 年 9 月至 2009 年 6 月的走势。左边第一个方框处是 2008 年 9 月的走势图形，其中，股价虽然短期内突破 60 日均线，20 日线和 30 日线这两条操作线也形成金叉，但这两条操作线并未能突破定向线 60 日线，且在未改变 60 日线方向的情况下，股价再次跌破三线。这种情况下，虽然股价获得一时突破，但从中长线上看，这只是短期的波动，并未产生中长线的操作机会。再看第二个方框，股价、量能虽然有起色，但 60 日线并未改变方向。不过，此时量能开始放大、60 日线下降速度放缓是一个积极的多头信号。在接下来的调整中，当股价调整到向上跳空缺口附近时，

量能极度萎缩，这说明市场惜售，是可能空翻多的信号。此时，20日线、30日线和60日线粘合在一起，从均线粘合后的运行规律看，这正处于选择方向的前期。接着，当股价放量突破三线，最后20日线和30日线突破60日线并形成金叉，确认中长线获得突破，股票进入上升通道，这个突破也就是投资者中长线的介入时机。

均线操作既简单又实用，但同样需要投资者的合理利用与深入理解。从技术意义上说，实战能力要靠自己的感觉和调整来实现。书带给你的顶多是窥探门径的作用，有道是"师傅领进门，修行在个人"。对于均线系统，建议投资者在实战中摸索，在摸索中思考，以达到最终市场战力的大幅提升。

小 结

1. 均线之所以重要，基于如下三点：(1)均线比趋势线更早、更快发现趋势方向；(2)均线可以测算阶段性市场成本，可以感知市场的支撑和压力，有利于投资者对未来运行空间和趋势做出提前预判；(3)均线可以作为实战的重要工具之一。

2. 根据笔者的经验，均线系统的使用必须服从两个原理，但这两个原理却互为悖论，是需要投资者去深刻体会的东西：(1)短期均线服从长期均线原理；(2)均线反转原理。

3. 在市场中，均线的主要状态包括：均线回填、均线粘合、均线修复(包括主动修复和被动修复)、均线发散、均线背离。

4. 在运用均线背离技术时，投资者一般要注意如下三个问题：(1)背离必须在股价穿越均线的情况下；(2)均线判断短期顶底，容易失误；(3)在市场处于极其强势或极其弱势的状态下，应当运用均线反转原理来判断市场。

5. 关于突破均线，通常有两种方法来判断是虚假突破还是真实突破：(1)比例法，主要用来判断中长期趋势，均线参数周期一般较长；(2)等待法，相对可以应用在中短期趋势上。

6. 投资者在判断均线突破时，一定要注意另外两点：(1)均线的运行方向；(2)突破均线时的量能。

7. 在实际操作中，均线系统总体上来说不是由一根均线判断，而是由若干条代表短期、中期、长期走势的均线构成相应的评价系统。

8. 根据均线判断市场，无非就是通过判断股价与均线、均线与均线的位置关系来判断行情。而股价与均线的关系，无非就是在上、在下和穿越；均线与均线的关系无非就是粘合和发散。

9. 均线与均线的位置关系是判断行情的关键，它们的位置关系主要有三类：(1)深度缠绕——短期均线围绕长期均线上下反复小幅震荡缠绕，或粘合在一起；(2)蜻蜓点水——短期均线阶段性向长期均线靠近，但并不相交，即按照原来的趋势运行；(3)并驾齐驱——短期均线基本上与长期均线保持较远的距离，只是有时短期均线略微走平，与长期均线稍稍靠近一点，随即又开始原来的趋势运行。这三种走势，第一种最为重要，第二种次之，最后是第三种。之所以第一种最为重要，是因为行情的转折往往出现在深度缠绕之后。

第八章 MACD 指标系统高级买入法

MACD 技术的基本用法在《黄金游戏(一)——从 A 股获利》中已有详细描述，本章主要阐释 MACD 技术的高级用法。MACD 技术的高级应用建立在 MACD 技术基本用法的基础之上。它的原理是：利用不同级别的周期来进行不同级别行情的判断。例如，通过分钟级别的 MACD 来进行短线判断，通过周线级别的 MACD 来判断中长线的走势。

对于读者来说，如果想熟练掌握 MACD 技术的高级用法，必须首先掌握并熟练应用 MACD 技术的基本用法，这是理解 MACD 技术高级用法的前提。

第一节 短周期 MACD 操作法

一、短周期 MACD 使用原则

1. 整体趋势必须处于上行过程中，或正在完成有效的突破性转折。之所以必须遵守这样的原则，是因为只有当市场处于相对强势中，利用 MACD 进行短线操作的成功率才会大。在下跌势或弱势当中，市场往往会出现连续的底背离而不反弹。

2. 利用底背离或调整后的金叉。底背离最为准确，金叉在强势中的准确率同样较高，但相比较而言，比底背离的参考性稍弱。为了概念清晰，这里有必要再次说明什么叫背离。MACD 的背离包括两部分：曲线背离与 BAR（红绿柱）背离。当股价创新低，而 MACD 曲线却不再创新低，这种情况称为底背离；当股价创新低，MACD 曲线创新低的速度明显比股价要慢得多，这种情况称为底背离；当股价缓慢下跌，MACD 却不再下跌甚至上行，这种情况称为底背离；当股价下跌接近前低，而 MACD 却只是微微下探，这种情况称为底背离。相反，就是顶背离。

3. 如果市场整体很强势，刚开始的顶背离或轻微的顶背离一般不能使股价下跌。

二、5 分钟 MACD 短线操作法

由于一分钟 MACD 波动快速且剧烈，极难把握，笔者这里从 5 分钟 MACD 入手，介绍短线 MACD 的操作方法。

在这里，读者需要明白，通过短线 MACD 进行短线操作，必须依照短线 MACD 的使用原则，否则这种指标的参考意义将大打折扣。如果在弱势中使用此方法，很可能买了就被套。因为 MACD 很可能连续出现底背离，而股价连续下跌，然后反弹一点（远不到买入价）；如果技术上有修正，就继续下跌。这种情况与上涨趋势中 MACD 指标连续出现顶背离而股价却不下跌是一个道理。这也是为什么需要原则的重要原因。

图 8.1 为沪市大盘在 2009 年 7 月 7 日至 7 月 8 日调整时的 5 分钟 K 线图。图中，股指 K 线在一个 5 浪调整时的最后一浪下跌加速，下行角度很大。但在 MACD 曲线指标上显示的是下跌放缓，下行角度变小，BAR 指标则明显背离。很快，当股指稍有反弹，5 分钟 MACD 金叉后，股指就开始了新一轮升浪。而且，当后面 5 分钟 MACD 出现顶背离时，股指并未停下上行的脚步，而是继续上行。

在强势调整中，投资者要善于发现这种 5 分钟 MACD 底背离或金叉出现的机会，这种机会短期见效一般很快，是短线可以充分利用的技术指标。

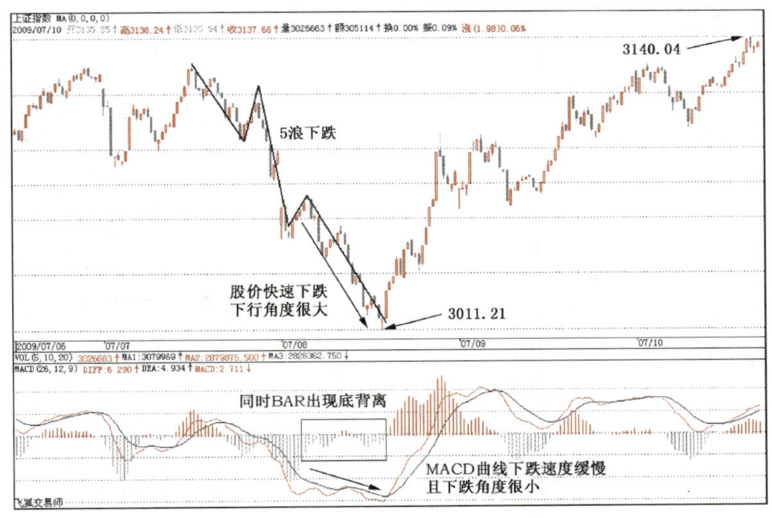

图 8.1

三、15 分钟 MACD 短线操作法

15 分钟 MACD 使用原理与 5 分钟 MACD 没有本质区别，只是与 5 分钟 MACD 相比，15 分钟 MACD 带来的信号更为准确，但是信号会晚于 5 分钟 MACD。

图 8.2 为沪市大盘在 2009 年 6 月 12 日至 6 月 17 日的 15 分钟的走势图。图中 15 分钟 MACD 在 6 月 15 日出现了第一次底背离，然后展开反弹，但反弹力度相对不大。在接下来的调整中，MACD 再度出现背离，随即股指出现了更大级别的上涨。类似这种情况，在调整不够充分的情况下会经常发生，连续两次甚至两次以上的底背离后才展开上涨。类似这种级别的 15 分钟 MACD 背离，在 30 分钟 MACD 上看得更清楚。笔者在 30 分钟 MACD 的分析中将采用同样的例子，读者会更清楚地看到它们之间的关系。

四、30 分钟 MACD 短线操作法

30 分钟 MACD 的使用方法与其他周期 MACD 没有本质的区别，只是 30 分钟 MACD 周期更长，信号更为准确。当然，它的信号时机也会晚于前两种。

图 8.2

图 8.3

图 8.3 为沪市大盘在 2009 年 6 月 12 日至 17 日四个交易日(中间间隔周末)的 30 分钟 K 线图。此次底背离与上面 15 分钟 K 线图属于同一段,只是不同周期。图中由于周期较长,隐去了 15 分钟 MACD 上的那个周期较小的底背离,但 30 分钟周期上形成的 MACD 底背离非常明显。这样一来,15 分钟 MACD 的底背离

与 30 分钟 MACD 的底背离形成共振，这种共振的直接效果就是对反弹强度的加强，后市证明，这次上攻的力度的确很强。

这里有必要对股票中的共振做出解释。两个作用力同时或接近同时向一个方向产生作用力，即为共振。例如，有两个指标——指标 A 和指标 B——同时出现向上的动力，那么这两个共振产生的上涨动力就是“1＋1＞2”的市场效果。

第二节　中长周期 MACD 操作法

中长周期 MACD 以日 MACD 和周 MACD 为主，同时包括 60 分钟 MACD。严格地说，60 分钟 MACD 其实不能算是中长周期 MACD。但是，由于 60 分钟 MACD 有更早发现中长期信号趋势改变的作用，因此，这里将其列入中长周期 MACD 操作方法之列。在这里，60 分钟 MACD 主要是起到更早发现信号的作用。

一、中长周期 MACD 使用原则

1. 中长周期 MACD 的主要功能是为了发现中长线的多空信号，因此，利用中长期 MACD，必须结合量价、趋势、均线及价格形态这些重要指标。只有基于这些指标上的 MACD，才能起到更好的作用，否则准确率会大大降低。道理很简单，在弱势过程中，中长周期 MACD 同样要出现长时间的底背离才会转势，而从背离到转势，价格相差巨大。例如，在下降趋势中，某只股票自 20 元跌至 15 元，已经出现了严重的底背离，而这种背离只需要很小的反弹幅度即可能继续下跌，然后继续出现背离，此时若买入，一定导致亏损被套。

2. 利用底背离后的金叉。之所以强调底背离时的金叉，是因为只有在出现底背离且金叉的情况下，信号才更为准确，为等待金叉而多守候一点时间是完全值得的。

3. 周期越长的 MACD 如果出现顶背离，就越应该警惕。一般情况下，60 分钟 MACD 的顶背离在市场强势时经常发生，日 MACD 在市场强势时也经常发生，但周 MACD 若出现较大的顶背

离，投资者就要密切注意市场风险。

二、60 分钟 MACD 的中期操作法

虽然 60 分钟 MACD 在技术上不能归入中期行情周期，但由于 60 分钟 MACD 比日 MACD 能够更早地发现中期信号，因此，以 60 分钟 MACD 作为提前发现中期信号的工具，具有很强的实践意义。

当然，60 分钟 MACD 较中短期的那些信号更为准确，相对也更为迟钝一些。但是，将它作为中长期信号的提前发现工具，仍是绰绰有余的。将 60 分钟 MACD 结合其他技术指标来判断趋势变化，对时机的把握有很现实的操作意义。

图 8.4 显示了沪市大盘在 2009 年 2 月中下旬至 3 月上中旬出现的调整。如图中所示，当 60 分钟 MACD 出现严重的底背离后，3 月 16 日，60 分钟 MACD 出现了背离后的金叉，买入机会就此浮现。在下面的内容中，投资者可以看到，利用日 MACD 金叉确认买入机会的情形比 60 分钟 MACD 晚了 3 个交易日。这就是 60 分钟 MACD 提前发现买入信号的功能。

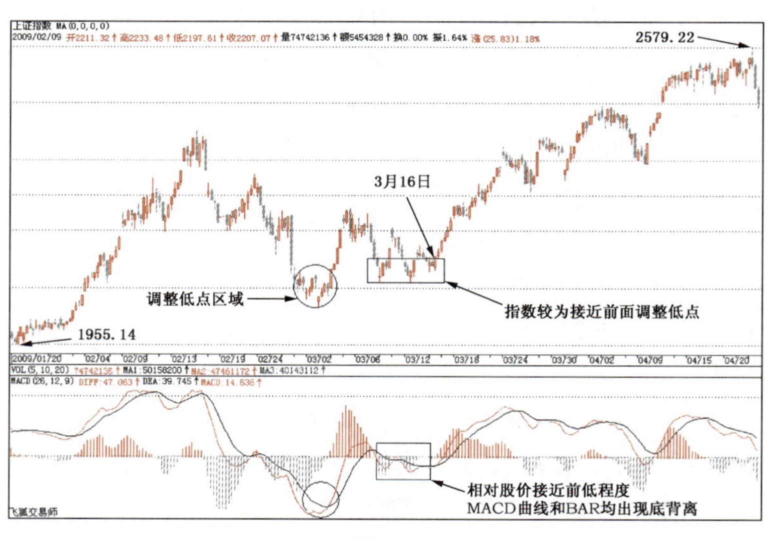

图 8.4

三、日 MACD 的中期操作法

日 MACD 金叉是真正具有中长期技术意义的 MACD 指标，但日 MACD 有一定的使用原则，那就是：金叉买入不能应用在明显的下行趋势中。道理很简单，在明显的下行趋势中，日 MACD 金叉后的反弹往往无力，这种时候，风险通常远远大于机会，一旦出现新的破位，就会出现快速、大幅的下跌。所以，使用日 MACD 金叉判断行情，必须在震荡市、有逆转态势的趋势，以及明显的上行趋势中。

图 8.5 显示了沪市大盘自 2008 年 10 月见底以来至 2009 年 7 月的所有金叉（图中下方圆圈中标出），每一次上行中的金叉都是有效的，金叉后都是持续性的上涨。这就是上行趋势中金叉的作用。

图 8.5

相反，图 8.6 为沪市大盘 2008 年的下跌趋势图，图中一共有 6 处日线出现金叉；但是，在金叉后不久就是下跌。这就是下跌趋势中日 MACD 金叉的无效性。

图 8.6

四、周 MACD 的中期操作法

周 MACD 在判断中期趋势中具有极强的参考意义，通过周 MACD 判断中期走势，一般应遵循以下判断原则：

1. 上行趋势中的周 MACD 金叉，往往是中期做多信号，但需要注意周 MACD 的严重顶背离。

2. 下行趋势中的周 MACD 金叉，如果前期跌幅较大，一般意味着中级反弹就此产生。

3. 如果底部持续长时间的底背离，且前期下跌幅度较大，一旦出现低位金叉，一般是中长期趋势扭转的信号。

4. 下跌趋势中的 MACD 金叉，必须配合成交量，若成交量随之持续放大，则中级反弹或趋势扭转可能性大；相反，若量能反应不明显，那么很可能只是昙花一现式的反弹。

图 8.7 显示了沪市大盘在 2008 年 10 月见底时的情形。图中，周 MACD 的 BAR 指标连续 5 个月底背离，MACD 的 DEA 和 DIF 曲线也连续几个月底背离。在周 MACD 终于在 2008 年 11 月出现金叉后，意味着中期行情正在改变。紧接着，市场底部连续数周放量，确认了这个金叉的有效性，以当时的情况，至少可以确认，为时

几个月的反弹周期的到来。

图 8.7

下面再分别以下跌趋势中 MACD 放量的金叉后股指强势反弹和失败的金叉后股指持续下跌的图形作为案例。图 8.8 为沪市大盘在 2003～2005 年的周 K 线图。图中，在最左边的周 MACD 金叉处，量能同时持续放大，大盘迎来了一波强势反弹；相反，在中

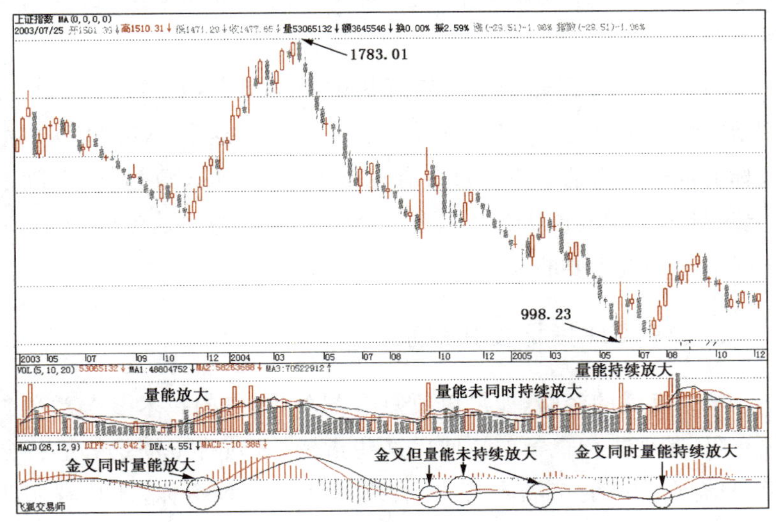

图 8.8

间的三个弱势金叉处，量能明显没有放大，最终市场走的是震荡下跌市；最后，在 2005 年的大底 MACD 出现金叉时，量能同样持续放大。

以笔者经验，通过周 MACD 判断中长期走势，其准确率很高，是判断中长期走势的一种重要方法。

第三节 MACD 指标的局限与使用经验

一、MACD 指标的局限性

MACD 指标在使用过程中具有很大的局限性，那就是，其在运行过程中波动性较大，单独利用 MACD 指标的简单金叉、死叉进行市场判断，一般失误率较高。

MACD 指标对于判断中长期走势更为有效。投资者可以把 MACD 按分钟周期进行判断做短线，前提是，必须搞清楚当时的市场强度以及趋势；否则，经常会出现卖出后上涨、买入后下跌的情况。从某种意义上说，MACD 周期最低只能设置在 5 分钟；如果低至 1 分钟周期，则必须修改参数，对于一般投资者来说，这种周期没有任何意义。

MACD 指标只是一个比较好用的技术指标，它虽然可以作为判断行情的依据之一，却不能作为核心依据。这是由 MACD 技术指标的地位决定的。不过投资者也不要小看 MACD 指标，在除了趋势、量价、均线、价格形态以及 K 线这些主要考量因素外，MACD 指标应该是最重要的参考之一。

二、MACD 指标使用经验

根据笔者的经验，如果单独使用 MACD，它的技术参考意义会很有限，其他指标也类似。使用这些指标，必须将市场走势进行分类，只有在分类的市场走势中，合理地使用各种指标，才是有实践价值的指标。市场走势无非分为三种：上行趋势、下行趋势、过渡形态的震荡调整走势。只有将 MACD 的使用进行详细分类，其相应指标使用起来才会得心应手。

在市场的技术判断中，核心的技术因素主要有五个：趋势、量价、均线、价格形态与K线。市场的技术判断必须依据这五个主要因素。MACD则可以结合这些因素来进行更有效的综合性判断。下面要描述的就是MACD与这些重要技术元素的关系。

1. MACD指标与成交量的关系

周期越长的MACD指标，与量能的关系越大，譬如日MACD和周MACD，在金叉时一般需要量能配合，才能形成真的上行趋势；如果量能不济，往往就会出现金叉后马上死叉，并继续调整。因此，利用MACD指标判断中长期走势时，必须关注成交量。

周期较短的MACD指标与量能的关系，比起中长周期MACD来，要弱很多；周期越短，这种关系越弱。其原理是：周期越短，随机波动性越大。利用中短期MACD指标判断行情，必须首先判断中长期趋势。只有在中长期趋势向好的情形下，才能利用中短期MACD的底背离和金叉进行买入交易。

2. MACD指标与趋势的关系

关于这一点的运用，在本章前面的内容中已经有详细的介绍。利用MACD进行技术判断，要基于大的趋势运行状况，这是因为两方面原因：(1)MACD指标的重要性本身就从属于趋势，要想提高MACD判断准确率，必须依附于整体大的趋势；(2)MACD指标本身错误率较高，必须利用与大趋势共振的力量才能使判断更为有效。这两点在本质上其实一致，总体上来说，MACD在上行趋势中判断买入更准确，在下行趋势中判断卖出更准确，在震荡市中关于买卖信号的准确性均衡。

这里主要是论述买入的技巧。有关利用MACD指标进行卖出的技巧，下行趋势中的死叉往往是绝对的卖出时机。

3. MACD指标与均线的关系

MACD指标与均线指标实出同宗，MACD指标称为指数平滑异同移动平均线(Moving Average Convergence and Divergence)，是从双移动平均线发展而来的，它由快的移动平均线减去慢的移动平均线；MACD的意义和双移动平均线基本相同，但使用起来更方便。MA指标就是移动平均线。其实，MACD指标的DEA线和

DIF 线就类似于两条不同周期的均线，只是 MACD 与 MA 的计算方法不同。

两种相同的指标，其互相验证性很弱，因为它们基本上没什么差异。但个人认为，如果 MACD 指标金叉时，股价同时突破了重要均线，相应的共振作用会更强，金叉的做多意义也就更大。

4. MACD 指标与价格形态的关系

价格形态是判断趋势见顶或见底的重要依据之一，但价格形态同样会出现失败的情况。因此，MACD 指标与价格形态之间可以形成互相验证的关系。如果双方产生方向性的矛盾，就要通过更多因素进行综合判断，以确认哪种判断更为合理。总体上，MACD 指标不从属于价格形态，但与 MACD 相比，价格形态，特别是中长期的价格形态，更可信。

5. MACD 指标与 K 线之间的关系

单根 K 线的意义应该说不是很大，但如果在 MACD 出现金叉时，出现明显的做多 K 线组合或多头意义较足的单根 K 线，对于判断 MACD 指标就具有积极意义。总体上来说，单根 K 线对 MACD 的影响相对较小。不过，K 线连起来的图形走势则是判断 MACD 是否有效的最重要的元素。MACD 与 K 线之间是互相作用的关系。与成交量、趋势和均线相比，它们之间的相互作用力更小。

小　结

1. 短周期 MACD 使用原则：(1)整体趋势必须处于上行过程中，或正在完成有效的突破性转折；(2)利用底背离或调整后的金叉；(3)如果市场整体很强势，刚开始的顶背离或轻微的顶背离一般不能使股价下跌。

2. 通过短线 MACD 进行短线操作，必须依照短线 MACD 的使用原则，否则这种指标的参考意义将大打折扣。如果在弱势中使用此方法，很可能买了就被套。因为 MACD 很可能连续出现底背离，而股价连续下跌，然后反弹一点(远不到买入价)；如果技术上有修正，就继续下跌。

3. 中长周期 MACD 使用原则：(1)中长周期 MACD 的主要功

能是为了发现中长线的多空信号，因此，利用中长期MACD，必须结合量价、趋势、均线及价格形态这些重要指标；(2)利用底背离后的金叉；(3)周期越长的MACD如果出现顶背离，就越应该警惕。

4. 使用日MACD金叉判断行情，必须在震荡市、有逆转态势的趋势，以及明显的上行趋势中。

5. 周MACD在判断中期趋势中具有极强的参考意义，通过周MACD判断中期走势，一般应遵循以下判断原则：(1)上行趋势中的周MACD金叉，往往是中期做多信号，但需要注意周MACD的严重顶背离。(2)下行趋势中的周MACD金叉，如果前期跌幅较大，一般意味着中级反弹就此产生。(3)如果底部持续长时间的底背离，且前期下跌幅度较大，一旦出现低位金叉，一般是中场期趋势扭转的信号。(4)下跌趋势中的MACD金叉，必须配合成交量，若成交量随之持续放大，则中级反弹或趋势扭转可能性大；相反，若量能反应不明显，那么很可能只是昙花一现式的反弹。

6. MACD指标的局限性：(1)MACD指标在使用过程中具有很大的局限性，那就是，其在运行过程中波动性较大，单独利用MACD指标的简单金叉、死叉进行市场判断，一般失误率较高；(2)MACD指标对于判断中长期走势更为有效；(3)MACD指标只是一个比较好用的技术指标，它虽然可以作为判断行情的依据之一，却不能作为核心依据。

7. 周期越长的MACD指标，与量能的关系越大，譬如日MACD和周MACD，在金叉时一般需要量能配合，才能形成真的上行趋势；如果量能不济，往往就会出现金叉后马上死叉，并继续调整。因此，利用MACD指标判断中长期趋势时，必须关注成交量。

8. 利用MACD进行技术判断，要基于大的趋势运行状况，这是因为两方面原因：(1)MACD指标的重要性本身就从属于趋势，要想提高MACD判断准确率，必须依附于整体大的趋势；(2)MACD指标本身错误率较高，必须利用与大趋势共振的力量才能使判断更为有效。这两点在本质上其实一致，总体上来说，MACD在上行趋势中判断买入更准确，在下行趋势中判断卖出更准确，在震荡市中关于买卖信号的准确性均衡。

9. 两种相同的指标，其互相验证性很弱，因为它们基本上没什么差异。但个人认为，如果MACD指标金叉时，股价同时突破了重要均线，相应的共振作用会更强，金叉的做多意义也就更大。

10. 价格形态是判断趋势见顶或见底的重要依据之一，但价格形态同样会出现失败的情况。因此，MACD指标与价格形态之间可以形成互相验证的关系。如果双方产生方向性的矛盾，那么就要通过更多因素进行综合判断，以确认哪种判断更为合理。

11. 单根K线的意义应该说不是很大，但如果在MACD出现金叉时，出现明显的做多K线组合或多头意义较足的单根K线，对于判断MACD指标就具有积极意义。

第三篇　波段买入方法

第九章 波段操作中如何研判大盘

第一节 波段操作中研判大盘方向的重要性

《孙子兵法》有云:“古之所谓善战者,胜于易胜者也。故善战者之胜也,无智名,无勇功。故其战胜不忒。不忒者,其所措必胜,胜已败者也。故善战者,立于不败之地,而不失敌之败也。是故胜兵先胜而后求战,败兵先战而后求胜。”这句话的总体意思是:善于作战的人,总是将自己立于不败之地,这种不败之地就是来自于顺势而为,利用各种可以利用的局势,不在对自己不利的地方盲目作战。一个永远立于不败之地的人才是真正的善战者。在股市中,真正的英雄是那些无论在熊市中还是在牛市中,都能立于不败之地的玩家。趋势向上时做多,趋势向下时做空,总之都可以立于不败之地。不过,由于中国 A 股市场没有做空机制,因此,当趋势向下时,只能选择回避。

万事有所为,有所不为。为之可为,不能为之则不为。有所为与有所不为是一种智慧,它不但是股市之道,也是万事之道。有所为与有所不为,应用在股市,就是在可以作为的大趋势下尽最大能力作为,在不可以作为的大趋势下尽量避开,避免因为盲目的逆势作为而受损。

股市中，风险是涨出来的，机会是跌出来的。市场总是在疯狂上涨中结束行情，在疯狂下跌后出现机会。于是，在跌出机会后，趋势发生逆转，开始作为，并一直将这种趋势作为下去，直到趋势再一次改变。这种趋势，就是大盘的趋势、市场的趋势。

在股市中，基本上所有的股票都随着大势的上涨而上涨，随着大势的下跌而下跌。大势与个股的关系就犹如高速公路与车辆的关系，高速公路上的车辆有快有慢，有左有右，但无论如何，在正常情况下，车辆不会逆高速公路方向而行。车辆可以在高速公路延伸的大方向上适当调整方向和速度，但不会与大势方向相反。

据笔者多年观察，大盘上涨时，若非是指标股拉升大盘，一般情况下，绝大部分股票要么上涨、要么横盘，这种时候，除非是出现极端情况，一般不会吃亏；同样，大盘下跌时，若非指标股刻意打压指数，一般情况下，绝大部分股票都会下跌，能够逆势上涨的极少。而且，如果大势持续下行，这极少数股票的上涨也是昙花一现。以笔者多年看盘的经验，市场中绝大部分主力，若非特殊爆炸性的消息，一般不会逆市拉升股票。道理很简单，一方面，逆市拉升会遭遇大量抛盘，凭空消耗拉升成本；另一方面，逆势拉升一般会比较打眼，容易引起相关部门的警觉，并可能招致密切监控。相反，在大趋势向好、大盘上涨时拉升股票，则要省力得多。首先，此时市场热情高涨，只要稍作拉升，就会引起投资者关注，就有跟盘资金推高股价。这种时候不但节约拉升成本，在大家都涨的情况下，也不会引起相关部门的注意。用一个简单的比喻：大势好的时候，就像是在平静的海面上捕鱼，只要稍有经验，每一网都不会落空；大势不好的时候，就像在波涛汹涌的海里捕鱼，可能鱼没打到，渔网、渔船，甚至包括捕鱼者自己，都可能被风浪吞没。

对于投资者来说，操作股票，首先必须判断大势方向。从某种意义上说，只有当大盘趋势处于上行趋势中，或是在没有出现下行趋势的条件下，才可介入，只有这样才是安全的介入机会。如果在下行趋势中盲目介入，其结果往往是被套和亏损。在这个市场中，要在风和日丽（趋势向上）的情况下多捕鱼，在狂风暴雨（趋势向下）的情况下停港回避，才是安全、可靠、稳健的投资策略。

在股市中，最重要的是必须先求生存。学会在股市中如何生存，是投资者进入股市后必须掌握的一门功课。股市就是博弈的自然界，是弱肉强食的市场，这是客观的事实。股市投资者的流动频率很高，在证券公司，我们可以看到高档车一批批更换，大户室的人一批批改变。一个大的趋势来回，很多大户炒成中户，中户炒成散户，甚至破产，还有些落得“十屁股债还了九屁股，就剩一屁股债”的窘境。作为普通投资者，首先应该学会在股市中生存，通过自己可以承受风险的资金在市场上修炼，修炼成功后，抓住一波大的趋势，通过大投入来实现资本的质变。操作股市，要心平气和，讲究顺势而为，赚多也好，赚少也罢，千万不可赔钱；即使赔钱，也不能赔了身体、赔了家庭、赔了幸福。

第二节 波段操作中如何研判大盘方向

关于趋势，笔者在《黄金游戏（二）——熊市能赚钱》中已经做了不少描述，在上一章也介绍了波段操作中大盘方向的重要性。那么，投资者在波段操作中又该如何研判大盘方向呢？

研判大盘方向，主要利用五种工具：趋势、量价、均线、价格形态与K线。在股市运行过程中，一个大的趋势一旦形成，短时间内就不会改变，这种趋势会一直运行，直到驱动这轮趋势的动力耗尽，从而无法再使这种趋势继续下去。成交量和K线图是表现这种趋势的两个重要变量：成交量是对这种驱动力量大小以及其能否持续的衡量；K线图则是这种力量最终走出来的图形。结合K线图和成交量，即可推断这种推动力量的大小以及这种力量继续在后市产生的影响。均线则是判断K线图形运行趋势的技术指标，均线指标虽然简单，却很实用，从某种意义上说，是研究趋势最重要的技术指标。价格形体则是K线图的一个较长期的组合，在这种组合之后通常会出现某种走势，价格形态是一种经验技术，对市场判断很有参考意义。

研判大盘方向，投资者首先必须确认自己研究的周期。只有首先确认研判的周期，才能确认哪一种研判可以作为这个周期的操作参考依据。例如，要做以几个交易日至一两周级别的短线交易，研究数年以上的趋势就没有任何实际意义；相反，如果进行的是几个月甚至是数年的中长线交易，研究几个交易日内的走势也没有任何实践意义。

作为一个市场投机者和交易者，研判的市场周期一般分为三种：半年至一两年的长期走势；一两个月至半年的中长期走势；几个交易日至一两个月的中短期走势。通常，我们所指的波段交易一般是指第二种，即一两个月至半年的中长期走势。除了个别的异常行情，一般一个中级波段至少会有一两个月的上涨周期，然后才是阶段性调整。对于投资者来说，能够抓住这种较大的波段机会，一般就能实现超额收益，而且相比短线交易，也更为轻松惬意。

图 9.1 为沪市大盘自 2008 年 10 月 28 日反弹以来的走势图。图中显示，在一个大的上行趋势中，从每一波较大规模的上涨到较大幅度的调整，最短要一个多月，最长一般不会超过半年，以 2～4 个月最为常见。

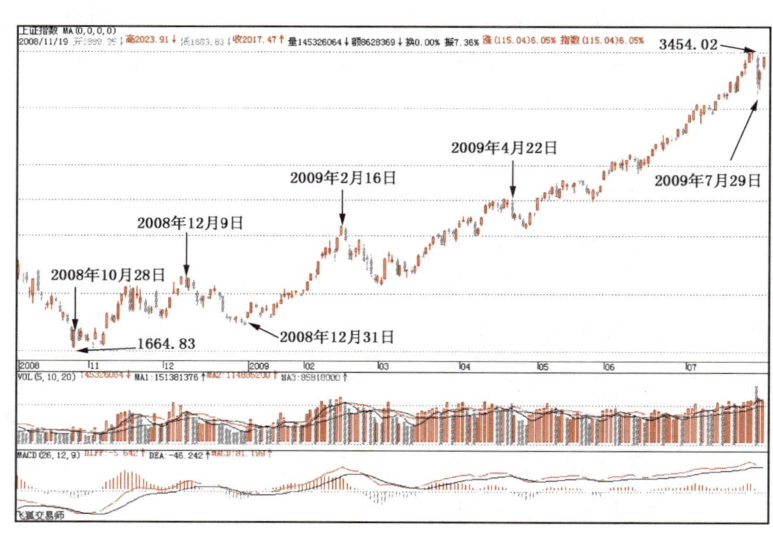

图 9.1

根据笔者多年观察，一波大的趋势往往具有如下特征：

1. 上涨初期，上涨的时间一般较短，调整时间与上涨时间相比较长。这主要是由于在市场初期，主力资金吸筹不够，市场对多头市场还未达成一致所导致。

2. 上涨过程中，上涨速度越快，上涨时间越长，调整的速度就越快，但调整的时间也会越短。

3. 上涨趋势中的调整，只要不出现大的、明显的趋势改变，当市场调整下来后，一旦量能明显萎缩，不再继续下跌，就是低位买入的时机。如果调整时间或技术修正不够，当反弹无力时，就会有第二次下跌。但是，调整后一旦出现缩量止跌，再度放量拉升时，就是买入时机。

波段操作中，关注大盘方向，主要关注三点：

1. 趋势的变化；

2. 中长期均线的变化(实际上也是趋势的变化)；

3. 价格形态与量价的变化。

只要把握好这三点，判断波段高低点就不是太困难的事情。由于市场的随机波动性，投资者想绝对准确地判断高低点是不现实的，但是，通过研究，完全可以大幅提高判断准确率，这个准确率包括点位的精确程度和判断的正确率。

第三节　大盘走势与个股操作时机

大盘与个股的关系在第一节已经有非常详细的描述，在之前的“黄金游戏”系列和博客中也多次涉及相关内容，这里不再赘述。对于投资者来说，无论大势如何，最终落实到利益上还是如何操盘获利。针对这样的现实问题，投资者必须把握大盘走势与个股操作时机。

一、大势中的有所为与有所不为

对于操作，投资者必须清楚：在什么情况下可以操作，在什么情况下不可以操作；什么周期的级别可以操作，什么周期的级别不可以操作；什么周期级别的操作自己可以把握，什么周期级别的操作是自己不可控的。搞清楚这三个问题，对于操盘也就有了相应的分寸。

我们先来搞清楚第一个问题——在什么情况下可以操作。市场主要有三种趋势状态:上行趋势、下行趋势和中间过渡的震荡盘整趋势。在笔者看来,可以操作的只有上行趋势和过渡的震荡盘整趋势。之所以只有这两种趋势可以操作,是因为在这两种情况下,系统相对安全,犯错的几率相对较低,成功率也就较高。当然,关于这个上行趋势和过渡震荡盘整趋势的周期,投资者可以根据自己的能力进行自我设定。例如,短线高手可以将这个周期缩短为几个交易日甚至更短,而普通投资者大多数都是以月为单位来计算整体趋势周期。

再来搞清楚第二个问题——什么周期级别可以操作[有关周期的概念,在《黄金游戏(二)——熊市能赚钱》中有详细描述]。理论上说,1 分钟的周期也可以操作。一些超级短线的套利工具,完全可以在 1 分钟线上进行短期套利。不过,对于普通投资者来说,最小级别的技术研判周期应该以 5 分钟线为单位。这是因为,1 分钟线波动太快,对普通投资者的实际操作意义不大;但对于 5 分钟线来说,可以通过技术指标进行相应的超短线操作。再说长期,根据 A 股市场的历史走势,一波牛市一般持续 1～3 年。因此,对于投资者来说,可操作的长期趋势也是 1～3 年。根据如上描述,从技术意义上说,5 分钟级别以上到以年计的级别是普通投资者可以操作的,但实际上,普通投资者大多数操作的周期级别在数周至数月不等。

再来搞清楚第三个问题——什么周期级别的行情自己可以控制操作。笔者之所以在第一章中重点描述认识自我,很重要的原因在于,市场中绝大多数投资者不认识自己,不知道自己能控制什么、不能控制什么。对于投资者来说,不是所有周期都是自己能够控制的,也不是所有周期的操作都是自己擅长的。作为一个普通投机者,必须清楚自己在什么周期下操作更得心应手,这就是对自己的了解。个人认为:短线操作,对于绝大多数普通投资者来说并不适合;数周至数月的中长线操作,最适合普通投资者。对于绝大多数普通投资者来说,只要把握住大的趋势,即可轻松赚钱,完全没必要试图驾驭几天甚至几分钟的短期行情。至于那些每天都能盯盘且短线感觉较好的投资者,当然可以进行短期交易。然而,需要提醒投资者的是，短线交易同样需要在合理的趋势下，才能提高判断和操作的成功率。

二、板块个股与大势之间的互动关系

板块个股从属于大势，而大势又是市场中板块个股综合作用的结果。之所以大势好，板块个股也好，是因为大势本身就是板块个股强弱的表现。大势安全的情况下，市场是安全的，板块个股也是安全的。这就是它们之间的逻辑关系。

板块个股与大势之间彼此互动和关联。大势好，市场上的个股不可能齐涨齐跌，多数情况下是以板块为单位进行轮动。在《黄金游戏(一)——从 A 股获利》和本书前面的章节中，笔者都有关于 A 股板块轮动特点的描述，这里再涉及一些相关内容。

在一波熊市结束后，当一波牛市开始，它的轮动规律一般是这样的：先是蓝筹指标股止跌企稳，接着是中小盘与概念股先行炒作；当中小盘和概念股基本轮动差不多后，大盘蓝筹指标股开始发威掌握市场，市场彻底进入牛市周期；经过一轮确认大势的大盘蓝筹行情后，中小盘和概念股再度复苏，市场进入炒作热潮；最后，当中小盘股再次见顶，蓝筹股再度接棒，这种轮动直到大势见顶为止。

那么，哪些板块个股是在市场各阶段轮动的主流呢？根据笔者经验，由于 A 股属于政策市，牛市第一波热点往往是三类板块：(1)与政策相关的板块个股；(2)一些有利好预期的概念股；(3)一些业绩优秀、超跌的中小盘股。牛市第二波热点相对较为固定，就是以央企为首的蓝筹股和在第一波滞涨、技术图形较好却被低估的滞涨股，这些股票会在蓝筹股的带领下发动第二轮行情。第三轮行情则是，在蓝筹股为首的板块个股阶段性见顶后，第一轮上涨的股票随着调整的结束会发动新一轮上攻行情。在中小板块和概念股行情结束第二波主升浪后，蓝筹股和前期滞涨的股票会再度接棒。这种大的板块轮动，在一轮牛市中一般轮动两回。

那么，如何将这种大的板块具体运用到可操作板块呢？例如，选择第一轮上涨中那三类主要的股票：选择第一类，就是通过观察政策和预判政策来进行初期判断，然后选择，再结合市场相关板块个股走势进行相应验证；选择第二类，即相应利好预期的个股，则要具体问题具体分析；选择第三类，即超跌的中小板块股，指的是那些在熊市中跌幅较大、前景发展空间巨大的中小盘股。有了这种先决条件，挑选相应的板块个股并不太难。

能不能更具体一些呢？当然可以。这种具体就是参考板块的历史走势，查看历史上这种股票是什么样的特性，在以往的牛市中是否属于那种涨幅很大的板块个股。据笔者多年的观察，绝大部分个股，若非行业发展饱和或个股之前遭遇重创，在新的一波牛市中它都会以强势的态势出现。

对于这种板块的选择，笔者给出如下原则：

1. 相应板块发展空间仍然广阔，没有随着社会发展或科技进步发展而遭到压缩；

2. 相应个股在经营上没有遭到重创，换句话说，就是企业仍然很健康、充满活力；

3. 在上一轮熊市中，相应个股一定要快速暴跌且超跌。

只要具备如上三点，那么在新一轮牛市，这种板块或个股就一定是新牛市中的爆发板块或个股。

另外，具有改变社会生活方式潜力的新科技上市公司，它们通常会成为新一轮牛市的热点，这种新的、有未来发展空间的公司往往是牛市中追逐的热点板块。

小　结

1. 在股市中，真正的英雄是那些无论在熊市中还是在牛市中，都能立于不败之地的玩家。趋势向上时做多，趋势向下时做空，总之都可以立于不败之地。不过，由于中国A股市场没有做空机制，因此，当趋势向下时，只能选择回避。

2. 股市中，风险是涨出来的，机会是跌出来的。市场总是在疯狂上涨中结束行情，在疯狂下跌后出现机会。于是，在跌出机会后，趋势发生逆转，开始作为，一直将这种趋势作为下去，直到趋势再一次改变。这种趋势，就是大盘的趋势、市场的趋势。

3. 大盘上涨时，若非是指标股拉升大盘，一般情况下，绝大部分股票要么上涨、要么横盘，这种时候，除非是出现极端情况，一般不会吃亏;同样,大盘下跌时,若非指标股刻意打压指数,一般情况下,绝大部分股票都会下跌,能够逆势上涨的一般极少。

4. 对于投资者来说,操作股票,首先必须判断大势方向。从某种意义上说,只有当大盘趋势处于上行趋势中,或是在没有出现下行趋势的条件下,才可介入,只有这样才是安全的介入机会。如果在下行趋势中盲目介入,其结果往往是被套和亏损。在这个市场中,要在风和日丽(趋势向上)的情况下多捕鱼,在狂风暴雨(趋势向下)的情况下停港回避,才是安全、可靠、稳健的投资策略。

5. 研判大盘方向,主要利用五种工具:趋势、量价、均线、价格形态与K线。在股市运行过程中,一个大的趋势一旦形成,短时间内就不会改变,这种趋势会一直运行,直到驱动这轮趋势的动力耗尽,从而无法再使这种趋势继续下去。

6. 研判大盘方向,投资者首先必须确认自己研究的周期。只有首先确认研判的周期,才能确认哪一种研判可以作为这个周期的操作参考依据。

7. 作为一个市场投机者和交易者,研判的市场周期一般分为三种:半年至一两年的长期走势;一两个月至半年的中长期走势;几个交易日至一两个月的中短期走势。

8. 根据笔者多年观察,一波大的趋势往往具有如下特征:(1)上涨初期,上涨的时间一般较短,调整时间与上涨时间相比较长。(2)上涨过程中,上涨速度越快,上涨时间越长,调整的速度就越快,但调整的时间也会越短。(3)上涨趋势中的调整,只要不出现大的、明显的趋势改变,当市场调整下来后,一旦量能明显萎缩,不能继续下跌,就是低位买入的时机。如果调整时间或技术修正不够,当反弹无力时,就会有第二次下跌。但是,调整后,一旦出现缩量止跌,再度放量拉升时,就是买入时机。

9. 波段操作中,关注大盘方向,主要关注三点:(1)趋势的变化;(2)中长期均线的变化(实际上也是趋势的变化);(3)价格形态与量价的变化。

10. 对于操作,投资者必须清楚:在什么情况下可以操作,在什么情况下不可以操作;什么周期的级别可以操作,什么周期的级别不可以操作;什么周期级别的操作自己可以把握,什么周期级别的操作是自己不可控的。

11. 板块个股从属于大势，而大势又是市场中板块个股综合作用的结果。之所以大势好，板块个股也好，是因为大势本身就是板块个股强弱的表现。大势安全的情况下，市场是安全的，板块个股也是安全的。这就是它们之间的逻辑关系。

12. 在一波熊市结束后，当一波牛市开始，它的轮动规律一般是这样的：先是蓝筹指标股止跌企稳，接着是中小盘与概念股先行炒作；当中小盘和概念股基本轮动差不多后，大盘蓝筹指标股开始发威掌握市场，市场彻底进入牛市周期；经过一轮确认大势的大盘蓝筹行情后，中小盘和概念股再度复苏，市场进入炒作热潮；最后，当中小盘股再次见顶，蓝筹股再度接棒，这种轮动直到大势见顶为止。

13. 哪些板块个股是在市场各阶段轮动的主流呢？根据笔者经验，由于A股属于政策市，牛市第一波热点往往是三类板块：(A)与政策相关的板块个股；(B)一些有利好预期的概念股；(C)一些业绩优秀、超跌的中小盘股。牛市第二波热点相对较为固定，就是以央企为首的蓝筹股和在第一波滞涨、技术图形较好却被低估的滞涨股，这些股票会在蓝筹股的带领下发动第二轮行情。第三轮行情则是，在蓝筹股为首的板块个股阶段性见顶后，第一轮上涨的股票随着调整的结束会发动新一轮上攻行情。在中小板块和概念股行情结束第二波主升浪后，蓝筹股和前期滞涨的股票会再度接棒。这种大的板块轮动，在一轮牛市中一般轮动两回。

第十章　波段操作买入方法

第一节　波段操作买入的意义

在市场中，投资者经常被建议“波段操作”。但对大多数投资者来说，波段的概念、波段买卖的意义、波段的可操作性、波段的交易方法以及波段交易中的注意事项等问题都搞不清楚。于是，波段交易就成为空谈，没有太大的实际操作意义。

本节中，我们主要描述三个问题：什么是波段、波段买卖的意义，以及波段的可操作性。

什么是波段？一个以某周期K线为单位的上涨主升浪或下跌主跌浪都可称为波段（由于这里主要阐述的是买入交易，因此，在这里特指主升浪波段）。一个较大的波段中，一般会有相应幅度的调整，这个大的波段因此被分为若干个更小的波段，而这个小波段对于大波段来说，就是一个操作波段。操作波段的把握能力在于投资者个人的操作水平。对于技能水平不同的个人来说，可操作的波段也不同。一般情况下，一个较大的主升浪如果达到甚至超过15%的调整幅度，这个较大的主升浪被调整分成的子浪就是一个可操作波段。例如，某人擅长超短线操作，于是他可以将自己的操作周期设为 5 分钟 K 线或 15 分钟 K 线，假如有一个主升浪为 200 点，平均每 50 点调整一次，调整幅度就为 10 点；那么，这每一波的 50 点就是一个可操作子浪。当然，能否把握这种子浪，关键在于个人的市场把握能力。

一、波段买卖的意义

1. 提高资金利用率

这是波段交易最主要的实践意义。资金利用效率对投资者来说极其重要，这就是为什么短线客买入后，几个交易日不涨就卖出的重要原因。因为，在相应等待的时间内，他完全可以通过操作其他相应股票而获利。但对于投资者来说，资金利用率并不是可以随意提高的，要根据自己的市场操作能力量力而行。如果是擅长把握中线的投资者，就不要以短线的方式来要求资金利用率，而应该以中长线的操作方式来要求资金利用率。

2. 能够提前规避风险

在市场中，顶部和底部都不是猜出来的，而是市场实实在在走出来的，因此，在顶部和底部，都不能以猜测作为操作的依据。作为一个趋势投机者，通过相应的波段交易，至少可以提前一步退出市场，退出后一旦发现大趋势改变就不再介入，此时或许就是市场顶部。

3. 可以提高把握市场热点的能力

当一波调整接近或到来时，投资者手中最好持有资金。一旦调整接近结束，相应的新热点就会显现。此时，如果投资者手中持有的是资金而非股票，跟进的灵活性当然就更大。

4. 可以提高投资者的情绪控制能力

当一波调整时，如果持股较少，相应的心理压力就会降低，投资者就能更冷静地分析和应对市场。

二、波段的可操作性

1. 周期的局限性

一般情况下，趋势交易者最小的 K 周期不会低于 5 分钟，例如，1 分钟 K 线由于波动过快，对于普通投资者来说，把握起来近乎于不现实。相应地，一个波段的最大周期就是一个牛市的上行周期。对于交易者来说，如果以数年甚至十几年为周期同样不现实。更为现实的问题是，中国正处于高速的发展期，企业淘汰率很高，如此长周期的投资，本身就是极具风险的事情。因此，投机者本身最大的周期不能突破一轮牛市周期。

2. 个人操作能力的局限性

每一个人的操作能力不同，擅长操作的周期不同，其相应的可操作性也就不同。比如说，一个擅长超短线的交易者，他主要关注的操作周期可能是日周期以下的K线。相反，一个擅长中长线的交易者，他主要关注的操作周期是日周期以上的K线。投资者必须认识到这一点，搞清楚自己能够把握的投资周期。

3. 时机的局限性

在实际操作中，对时机的把握极其重要。如果时机把握不准，其波段操作的结果很可能是放走了大牛股而导致踏空，或者是卖晚了而错过波段交易时点。在这里，特别要指出的是：在牛市中，对于一些刚刚启动的表现出特别强势、具有牛股迹象的股票，宁愿错过波段交易也不要轻易卖出。因为，此时主力操盘的欺骗性很强，投资者很可能会因为盲目的波段交易而错过了更大的主升浪。

第二节　波段操作买入方法

知易行难，波段交易也是说起来简单、做起来难。在笔者看来，技术理论是死的，个人技能和操盘能力是活的。实际上，能否完成良好的波段交易，一方面要凭借技术，另一方面要依靠投资者自己的操作经验和盘面感觉。这也是为什么笔者多次强调“一定要操作自己能够把握和驾驭的波段”的原因；否则，波段操作就没有任何实际价值和意义。

在市场实际操作中，最为常用的波段交易买入方法有四种：

一、确认见底后的买入法

一般情况下，一个熊市见底后，无论是大盘还是个股，都很少出现 V 型反转。最常见的走势是:先连续放量来一波拉升,然后回落,当股价开始接近前期低点时,量能急剧萎缩,最终股价不再创新低或创新低后立刻放量拉起。当中长期均线开始走好,股价再次突破中期和短期均线时,一般可以确认见大底。相应地,第二次拉起后放量突破中长期均线,就是买入时机。

图 10.1 为沪市大盘 2009 年 1 月通过这种方法确认大盘见底时的 K 线图。

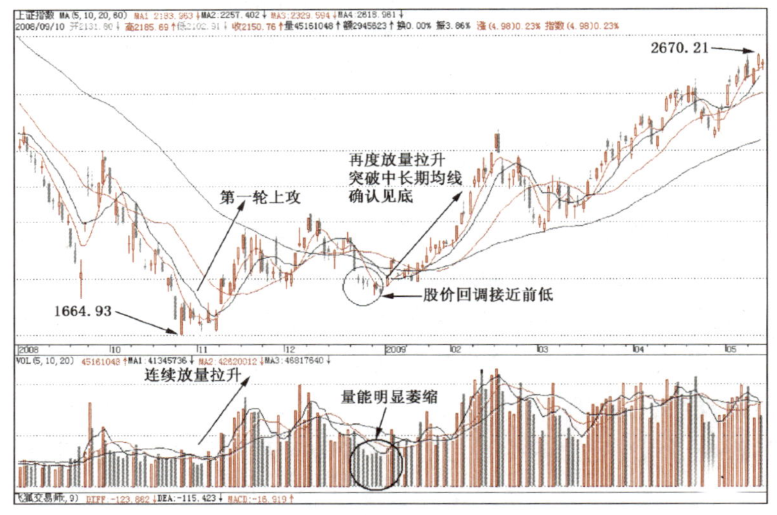

图 10.1

这种回踩模式,股价可能会接近前期低点,也可能在中长期均线处即获得强支撑。股价在拉升后回落,在低位量能急剧缩量,然后再度放量拉起且站稳中长期均线,就是中线波段买入时机。图 10.2 显示了邯郸钢铁(600001)两次回踩 60 日线的中线买入机会。

二、横盘整理后突破买入法

有些强势股票,拉升后一般不会以回踩的方式完成调整,而是以横盘整理震荡的方式进行调整。股价经过较长时间的窄幅震荡调整后,中短线均线持续粘合,当股价突然放量拉升突破震荡平台,均线系统开始张开上行并呈多头排列时,一波快速拉升就会到来。那么,股价放量拉升突破相应均线时,即是买入时机。这种平

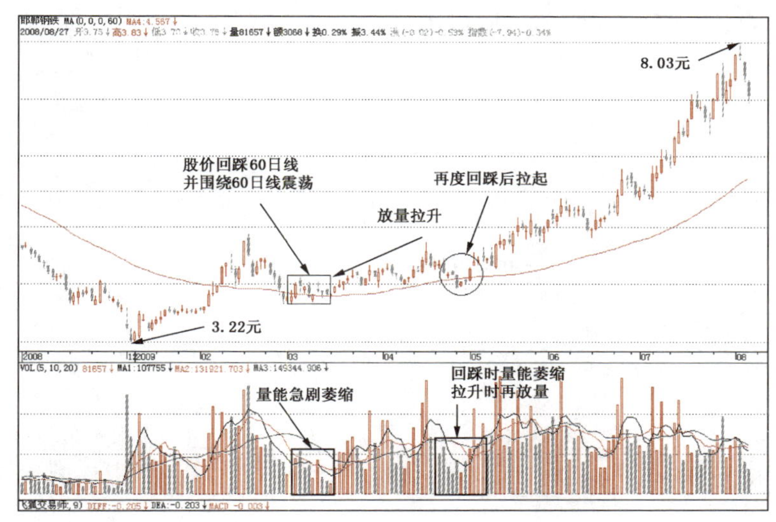

图 10.2

台整理一般有如下特点：震荡时，振幅会越来越小，量能会逐渐萎缩；当量能再次放大且股价再次突破相应缠绕的均线时，一般即可认为是突破成立。

图 10.3 显示了山东黄金(600547)在 2009 年上半年出现两次横盘整理后的突破。当股价放量突破横盘整理平台，且中短期均线呈现多头排列时，突破即是买入时机。

三、趋势中调整时的买入

在上行趋势中，一般情况下，一只个股回调，在中长期均线处获得支撑后再度发力拉升，就视为波段买入时机(这个中长期均线可以是 20 日～60 日的任何一条均线，关键在于投资者通过观察相关个股的运行规律，然后设置相应合适的均线)。图 10.4 为中国国航(601111)自 2008 年 11 月至 2009 年 7 月的走势图。图中，中国国航的股价每次回调都是围绕 60 日线做文章，当股价在 60 日线获得支撑并站上 60 日线时，若股价再度放量拉升，即是波段买入时机。图中三次上升趋势中的调整都是阶段性介入时机。

四、快速拉升后大幅调整时买入

这种操作方法主要是针对被某种利好突袭的个股，或突然大

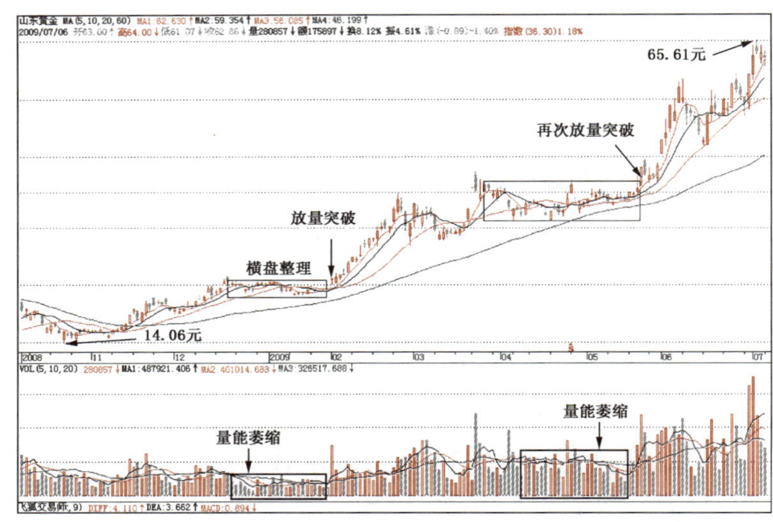

图 10.3

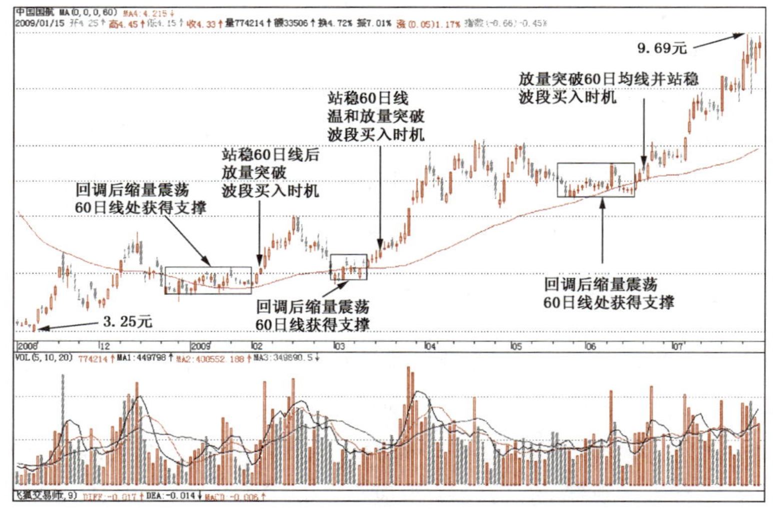

图 10.4

幅拉升的个股，这种个股很多是在短期出现暴涨，然后暴跌，接着再快速拉升。这种股票，如果短线波段操作好，可获得较快收益，但也仅限于当时的短线波段交易，与中长线及后市操作无关。

图 10.5 显示了南方航空(600029)在 2008 年 11 月至 12 月出现的一个短期剧烈波动操作机会。图中，当股价出现连续快速放

量拉升时，在高位出现了大幅放量的震荡，同时联手三根空头意味很浓的K线。此时，投资者应在出现第一根上吊线时准备出货，第二天逢高出货。出货后股价急剧下跌，当股价下跌至涨幅的一半、股价波动幅度明显缩小，同时量能急剧萎缩时，就是短线二次介入时机。因为，一般情况下，股价短期大涨，然后再大幅调整时，往往很快会被再次快速拉起。低位买入后，投资者可在股价再次出现放量大幅波动时出货。这样的一个来回交易，一般可带回40%左右甚至更高的收益。

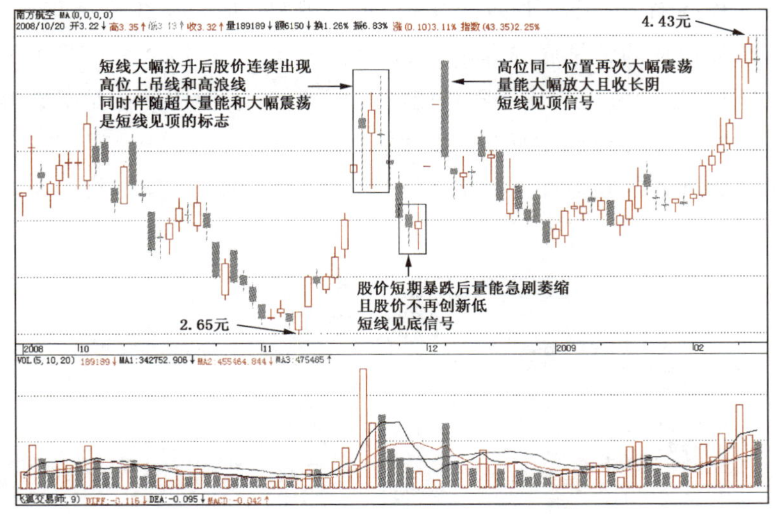

图 10.5

还有一种情况：当股价连续上涨时，其间时常会出现迷惑人的K线图形。此时，投资者应耐心持股，直到出现明显的放量大幅波动，且股票在K线上形成空头意味很浓的K线。

图10.6显示了中国铝业(601600)在2009年2～3月出现的短线波段操作机会。图中，在股价大幅放量拉升后的第二天和第三天，股价连续放量，但都只收小阳星，此时股价处于强势，应继续持股。此后，股价连续大涨，两天后出现放量的高浪线。一方面，股价整体涨幅不算太大；另一方面，高浪线体绝大部分处于前一根阳线的上方，虽已有空头意味，但多头力量仍大于空头力量。接下来的一天，股价出现大幅震荡，最终放量收成上吊阳线，股价空头意

味加重，但多头力量仍在，多空分歧开始加大。再接下来一天，股价出现大幅的跳空缺口，且出现大幅的放量，此时基本可以确认此缺口为衰竭缺口，必须马上回补。由于前期股价涨幅已经很大，这次回补极有可能带来大幅的调整。果然，在此后的一天，再次出现一条空头意味很重的阴线上吊线，接着就进入了下跌周期。本轮上涨后，在出现跳空缺口的当天和出现阴线上吊线为最佳卖出时机。

股票出现大幅调整后，当股价调整幅度达涨幅的五成，同时量能大幅萎缩时，根据上面的介绍，可以判断，此为短线介入时机。如果股价在调整见底拉起后，又出现了一个为期几个交易日的回调整理，这种整理同样伴随量能的大幅萎缩，这种情况也是短线介入时机。股价在调整后展开二次快速拉升。二次拉升后，当股价再次出现大幅震荡且出现空头意味明显的 K 线时，是短线卖出时机。

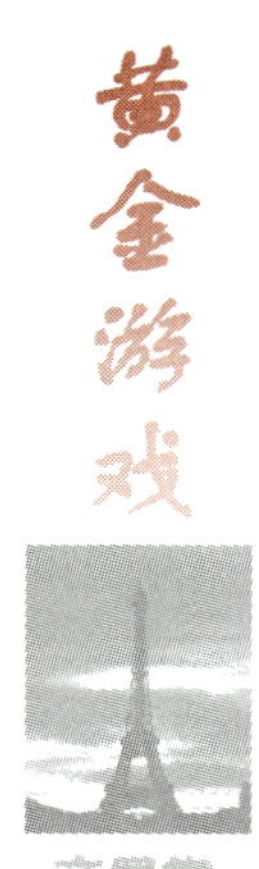

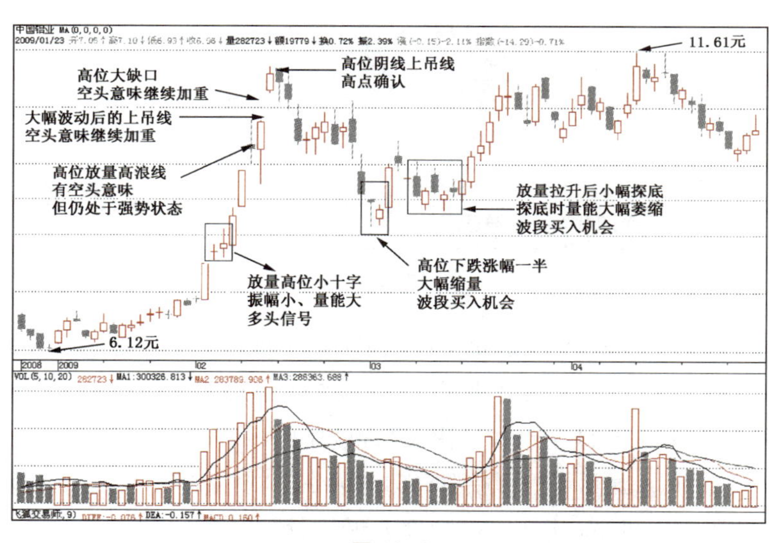

图 10.6

小　结

1. 波段买卖的意义主要在于四点：(1)提高资金利用率；(2)能够提前规避风险；(3)可以提高把握市场热点的能力；(4)可以提高

投资者的情绪控制能力。

2. 波段的可操作性在于三点:(1)周期的局限性;(2)个人操作能力的局限性;(3)时机的局限性。

3. 一定要操作自己能够把握和驾驭的波段;否则,波段操作就没有任何实际价值和意义。

4. 在市场实际操作中,最为常用的波段交易买入方法有四种:(1)确认见底后的买入法;(2)横盘整理后突破买入法;(3)趋势中调整时的买入;(4)快速拉升后大幅调整时买入。

第十一章　落袋为安技巧

第一节　止盈和止损一样重要

人的一生，不可能不犯错误。事实上，人类就是不停地在成功与失败中汲取经验教训，最终找到正确的方向。炒股也是一样。炒股不可能不犯错误，即使是高手中的高手，也有犯错的时候。

股市就是一种概率游戏，操作成功率高则盈，反之则亏。因此，在炒股的过程中，发现错误并随时纠正尤为重要。譬如止损，就是投资者发现错误时，及时予以纠正。虽然，止损有时也可能发生错误，但从保护投资者本金的角度来说，止损是值得的，也是必需的。毕竟对一名投机者来说，本金是最重要的，如果没有本金，一切都等于零。所谓"留得青山在，不怕没柴烧"，如果连青山都保不住，当然就谈不上有可烧的柴。

与止损相对应的是止盈。所谓止盈，就是当投资获得一定程度的盈利后，在发现趋势有改变迹象时卖出，使获得的盈利落袋为安。

止盈之所以重要，是因为股市中绝大多数投资者的欲望会随着市场的上涨而无限膨胀，这种膨胀致使投资者忘记市场风险；当这种膨胀达到顶点时,基本上也就意味着牛市的结束。投资者在市场见顶初期,一般不相信市场就此见顶,随着股价的下跌,投资者从不相信到不甘心,最终导致利润彻底消失,甚至亏损。一轮"过山车"就这样被绝大多数投资者以高昂的代价埋单。

止盈,恰恰可以时刻提醒投资者保持风险意识,使得投资者将心思放在对市场趋势的判断上,而非停留在盘面利润以及对未来的盲目预期上。最终的结果是使投资者保住自己的市场盈利,增加投资本金。

简单点说,止盈的意义在于:投资者一旦发现趋势有改变迹象,或是觉察到风险出现时,就要锁定利润,使本金稳步增加,从而增加以后盈利的筹码。保住盈利,保住每一次投机所收获的筹码,就是给以后的投机留下更多的机会。

对于投资者来说,止盈也有失败的时候,就如同人不可能永远做正确的事情一样,止盈也会存在发生错误的情况。投资者不应因噎废食,不能因为止盈可能会出现的错误而放弃操作。同时,投资者必须要清楚,止盈不能滥用,滥用的结果往往是放弃了盈利的机会。

投资者应该如何避免止盈滥用呢?

避免止盈滥用,首先必须搞清楚:什么情况下的股票可以做,什么情况下的股票不可以做。当股票处于可做的状态,即股票在上行趋势中进行合理、正常的波动时,投资者可以耐心持股,让利润奔跑;当股票处于不可做的状态,也就是当股价经过上涨,已经有趋势改变的迹象时,投资者就要注意获利了结。

股票可做与否,主要看两方面:(1)市场可不可做。如果市场不可做,最好的策略就是不做、休息;如果市场是可做的,则要评估个股,择股择机介入。(2)个股可不可做。个股可不可做,关键在于个股所处的状态。若个股处在上升的状态,或者处于大势向上、股价调整出现明显的底背离状态时,则可做;若处于下行状态或者震荡盘整状态,则不可做。

判断出可做与不可做,投资者就知道如何考量是否需要止盈,以及何时止盈,从而提高止盈的成功率。从根本上说,投资者还是必须掌握判断趋势的方法[有关趋势的详细内容,请参考《黄金游戏(二)——熊市能赚钱》]。只有准确把握大盘趋势和个股趋势，才能更好地判断在什么情况下可做、在什么情况下不可做，也就能避免滥用止盈。

如果止盈连续出错，笔者在这里给投资者的建议就是：如果大势不改，则耐心持股观望，冷静分析问题到底出在哪里，然后做出相应的调整。一般来说，止盈连续出错，一定是个人判断出了问题。

第二节　止盈的方法与技巧

知易行难，这是投资者对股市的普遍认识。实际上，对大多数投资者来说，知不易，行更难。本章前面对止盈的意义以及避免滥用止盈的方法进行了相应阐释，下面介绍具体的止盈方法和止盈点的设置。根据笔者实践，止盈的方法主要有五种。

一、比例止盈法

比例止盈法比较好理解，也比较简单，与比例止损法类似。例如，投资者可以设定，比成本价位高30%即止盈。这种方法谈不上特别科学和准确，却是有一定参考价值的止盈方法。采用这种方法，需要投资者根据股价历史走势以及自身经验，对比例进行判断。例如，25%、50%、75%、100%，甚至更高的倍数都是较常见的止盈比例；投资者也可以根据黄金分割法来计算相应比例，可以利用股价历史走势中的常见比例判断止盈位，也可以将同类股的涨幅作为参考。对于止盈比例的选择，牛市时可适当调高，震荡市和熊市时则适当调低。

另外，投资者一定要控制好自己的心态。在止盈后，股价有时会继续上涨，投资者不必因此而懊恼。首先，每次判断不可能绝对正确，投资者可以通过这种失败来积累相应经验，从而提高正确率。

二、跟涨止盈法

跟涨止盈和跟涨止损其实是同一个概念，就是随着股价的上涨，不断提高止损的位置，当股价处在这个止损位时，就是卖出的时机，而卖出实际上就是锁定利润，亦即起到止盈的效果。这种做法不但可以锁定利润，还可以让投资者保持清醒的头脑和从容的心态，对市场的认识更客观、更理性。

跟涨止盈法的实际操作也比较简单。例如，某个股票投资者的买入价为 10 元，止损位幅度设置为 10%，当股价上涨至 15 元时，相应的止损位也要跟涨，止损位就变成了 15 元－15 元×10%＝13.5 元。一旦股价触及这个价位，投资者就可以锁定 35%的利润。

三、技术止盈法

与技术止损的方法众多一样，技术止盈的方法也不少，其使用原理与止损也基本一致。技术止盈包括均线止盈法、趋势线止盈法、技术指标止盈法、K 线图止盈法、跌破支撑止盈法、关键价位止盈法及缺口止盈法等。总之，只要是止损可以用的方法，稍作改变即可应用于止盈。

1. 均线止盈法

当投资者在低位买入后，股价向上运行；运行一段距离后，若股票不再按以往的节奏向上运行，同时均线出现相应的空头信号，投资者应做止盈处理。针对均线止盈，投资者必须首先确认自己的操作是短线、中线亦或是长线。短线操作以短期均线作为判断依据，中线操作以中期均线作为判断依据，长期操作以长期均线作为判断依据。具体均线方法的使用，可参考《黄金游戏(一)——从 A 股获利》和本书前面相关章节。

2. 趋势线止盈法

当投资者低位买入，股价继续向上运行一段时间后，若股票开始冲高回落，并跌破上行趋势线，投资者应提高警惕。如果经过综合判断，确认趋势改变，应做卖出处理。虽说跌破趋势线不能百分之百确认趋势的改变，但至少可以确认市场已经有趋势改变的可能性，在新的趋势形成之前，卖出是较好的选择。即使市场真的在后市形成新的趋势，在此之前，股价一般也会经历一个较大幅度和较长时间的阶段性震荡。

3. 技术指标止盈法

技术指标止盈法是指，投资者根据技术指标的多空信号进行买卖交易。当股价出现一定幅度的上涨，参考的相应指标出现了明显的超买或空头信号时，投资者应进行适时止盈。在技术指标止盈法的使用过程中，中长线投资者首先且必须依靠趋势、量价关系、均线、K线图形、价格形态等指标对股票进行综合评判，然后根据技术指标的适用范围进行有效操作。相应技术指标的使用原理类似前面章节中关于MACD指标高级用法的描述，投资者可根据不同指标的原理进行综合判断。

4. K线图形止盈法

对于短期操作，K线图形具有较强的指导意义。当短线操作中，股价出现明显的空头K线图形，此时止盈多半正确。当股价短期连续大涨，然后出现明显的空头K线图形，短线卖出就是不错的选择。

5. 跌破支撑止盈法

当一只股票在上行过程中，其本身具有操作指导意义的重要支撑位置也在不断上移。如果股票经过一段时间的上涨，然后冲高回落，一旦跌破最接近本轮上涨高点的重要支撑位置，投资者就要提高警惕，甚至要做卖出止盈处理，这很可能是趋势改变的初期。

6. 关键价位止盈法

在股票向上运行的趋势中，较大的整数价位关口、新高位置、前期密集交易区、本轮上涨起点的倍数等都是关键的价位，股票如果停留在这类价位不能突破，通常意味着较长时间的调整。因此，投资者在这些重要的价位，应该关注股票的运行态势，一旦发现不好的苗头，应该尽快进行止盈操作。

四、密集交易区止盈法

所谓密集交易区［有关密集交易区的概念，参考《黄金游戏(二)——熊市能赚钱》］止盈法，就是当股价运行到前期密集交易区时，投资者应观察股票的运行情况，如果不能放量突破或轻松越过，就要有止盈操作计划。道理很简单，由于密集交易区套牢了大量筹码，一旦股价运行到密集交易区，其卖盘压力陡增。在这种情况下，如果买盘力量无法抵抗卖盘力量，其结果就是冲高回落。因此，把密集交易区作为一个抉择关键点，有很强的实际操作意义。如果股价突破密集交易区，投资者可继续耐心持股，直到出现新的卖出信号；如果股价在密集交易区遭受大量抛压，此时的策略最好是卖出股票观望。

对于密集交易区止盈法，根据笔者个人的使用经验，如果前期缺乏调整或涨幅过大，到达密集交易区后，通常会冲高回落；相反，如果前期涨幅较小或在密集交易区前调整充分，股价突破密集交易区的可能性也就较大。

五、目标止盈法

目标止盈法，就是投资者根据对大势和个股的判断，在买入前设定好自己操作此股的时间和价位，在达到相应目标时，即刻卖出以锁定利润。这种方法主要建立在投资者对市场以及个股判断准确的基础上，投资者首先必须设定好止损位，亦即如果在相应的时间内没有达到预期，要有相应的方案应对。

目标止盈法目的明确，思路清晰，但需要投资者具有较为老道的操作手法和足够的市场经验，对投资者个人的技能水平要求较高。

从以上五类止盈方法中，我们可以看出，止盈实质上是一套在上升趋势中的卖出系统；完善这个卖出系统，可以让投资者锁定利润，规避风险。市场有句俗话：会买的是徒弟，会卖的才是师傅。对于投资者而言，选择合适的机会卖出，同样是操作中最重要的一环，也是保住利润、增加资本最重要的手段。

小　结

1. 对一名投机者来说，本金是最重要的，如果没有本金，一切都等于零。所谓“留得青山在，不怕没柴烧”，如果连青山都保不住，当然就谈不上有柴烧。与止损相对应的是止盈。所谓止盈，就是当投资获得一定程度的盈利后，在发现趋势有改变迹象时卖出，使获得的盈利落袋为安。

2. 止盈的意义在于：当发现趋势有改变迹象，或是觉察到风险出现时，就锁定利润，使本金稳定性增加，从而增加以后盈利的筹码。保住盈利，保住每一次投机所收获的筹码，就是给以后的投机留下更多的机会。

3. 避免止盈滥用，首先必须搞清楚：什么情况下的股票可以做，什么情况下的股票不可以做。当股票处于可做的状态，即股票在上行趋势中进行合理、正常的波动时，投资者可以耐心持股，让利润奔跑；当股票处于不可做的状态，也就是当股价经过上涨，已经有趋势改变的迹象时，就要注意获利了结。

4. 股票可做与否，主要看两方面：(1)市场可不可做。如果市场不可做，最好的策略就是不做、休息；如果市场是可做的，则要评估个股，择股择机介入。(2)个股可不可做。个股可不可做，关键在于个股所处的状态。若个股处在上升状态，或者处于大势向上、股价调整出现明显底背离状态时，则可做；若处于下行状态或者震荡盘整状态，则不可做。

5. 如果止盈连续出错，笔者给投资者的建议就是：如果大势不改，则耐心地持股观望，冷静分析问题到底出在哪里，然后做出相应调整。一般来说，止盈连续出错，一定是个人判断出了问题。

6. 根据笔者实践，止盈的方法主要有五种：比例止盈法、跟涨止盈法、技术止盈法、密集交易区止盈法、目标止盈法。其中，技术止盈法包括六种：均线止盈法、趋势线止盈法、技术指标止盈法、K线图形止盈法、跌破支撑止盈法、关键价位止盈法。

第十二章 买入前的准备与买入后的应对

第一节 买入前必须做的三件事

一、买入前要定好操作策略

何为策略？在现代《汉语词典》中，策略有两个含义：(1)根据形势发展而制定的行动方针和斗争方式；(2)讲究斗争艺术，注意方式方法。在笔者看来，策略是战略的一部分，战略筹谋的是方向，策略是具体的实施方案，从某种意义上说，策略就是一种计划。"凡事预则立，不预则废"，一般来说，计划是指，人们为了实现某种目的而对未来的行动所做的设想和部署。

事实上，无论是组织还是个人，无论做任何事情，事先都要有相应的计划和安排。有了计划，做事情就有了明确的目标和具体的步骤，就可以按部就班、有条不紊地进行，减少盲目性。计划反映的是投资者的决策意图，决定着投资行为。因此，计划是操作的第一步。

投资者在买入前要制定好操作策略，就是要在买入前做好计划，即此项买入是短线操作、中线操作，还是长线操作。只有首先确认操作的周期，才能制定相应的策略，才能以相应的技术去应对。短线操作，比拼的是资金利用效率和短期判断准确率，针对具体的操作，投资者必须设定时间周期。例如，当投资者看中某股，判断其在最近两三个交易日内有相应的机会，但买入后的两三个交易日并没有达到目的，这就说明该判断存在失误。此时，应该退出观望，以免错上加错。即使退出后股票开始上涨，当时的退出也是正确的，因为盘面的变化已经超过了预计范围。相比短线而言，中长线考察的是市场中长期的投资机会，从某种意义上说，只要股票具有相应的趋势潜力，投资者即可择机介入，介入后可以持股相对较长的时间，等待上涨。

投资者制定投资策略，务必具备三点：

1. 预见性

既然是策略，就要在策略实施之前对市场运行的情况，以及股票可能运行的趋势，做出相应的有预见性的判断。这种判断和预想不是盲目的臆想，而是有根据的综合判断。

2. 针对性

针对性即针对实际状况做出符合市场和相应个股的策略。例如，某些个股在某个阶段比较适合短线操作，就可以短线策略应对；再比如，市场处于牛市初级阶段，某些个股适合中长线持股，就以中长线持股作为操作策略。

3. 约束性

策略一旦确认，就不应该随便更改，决不能出现短线变中线、中线变长线、长线变永久股东的情形。

二、买入前要做好意外应对措施

对于任何计划或策略，都要做好出现意外的应对即应变措施。如果没有一套完整应变系统，一旦出现意外，很可能造成慌乱，从而导致事情变糟。为了避免这种状况出现，最好的办法就是制定出相应的应对措施。

例如，投资者计划短线买入某只 10 元股票，当时判断它短线三个交易日内有上涨 20%左右的机会。于是，该投资者在 10 元的价位买入。三日后，相应上涨的动作一直未能出现，甚至还下跌至了 9.8 元。如此情形，说明当初在判断上存在失误。这时，就要对当时市场以及这只股票再次做出评估。评估后，如果没有更大把握确认它会上涨，就要果断卖出，结束这次不成功的操作；相反，如果再次评估的结果确认还有短线机会，就可以适当再等一段时间，比如说，再等一个交易日。然而，必须注意的是，决不能无限期地持股等待，如果连续判断出错，只能说明判断系统出了问题。这个时候，正确的做法就是退出，再去寻找其他机会。

投资者针对有可能出现的意外制定应对措施，主要目的有两个：(1)避免资金停滞，降低资金利用率；(2)避免被套而失掉本金。

意外应对措施主要包括两个方面：

1. 判断出现意外时的再评估系统

这里的再评估系统，主要是指当市场发生了与自己买入时预想不一样的情况时，对市场进行重新评估，审视当初的判断是否适合当前的市场。如果不适合，就要针对当下的市场与股票形态做出修正，使判断更符合当时的情形。再评估系统是一个动态系统，投资者必须针对市场的变化即时做出新的评估。

2. 市场或股票走坏时的止损系统

市场走坏时的止损，主要是为避免投资者被套。判断总有失误的时候，买入也有买错的时候。投资者发现错误时，最好的办法就是改正错误。对于已经买入的股票，改正错误的方法就是止损。

三、买入前最后的思索

做事要三思而后行。买入股票毕竟是一次交易，既然是交易，就会有盈亏。为了避免买入后的亏损、提高盈利的成功率，投资者在买入前做最后的思考是必要的。再次审视自己的判断，看看有没有遗漏什么重要的东西。如果确认买入是正确的，就可以做出快速买入的决策。

第二节　买入后怎么做

一、买入后的耐心与信心

“耐心制胜”是《黄金游戏（一）——从 A 股获利》第一章第二节中的内容。耐心是股市制胜最重要的心理素质之一，无论是买入前还是买入后，都要合理地保持耐心。买入前的耐心，在于择股耐心和择机耐心；买入后的耐心，在于只要没有出乎当时的判断和计划，就应该给予市场足够的耐心。这么做的意义在于，在不出现意外的情况下，给正确提供了最大限度的实现余地。

图 12.1 是中金黄金（600489）自 2005 年 6 月至 2007 年 9 月的走势图。图中，中金黄金用两年多时间自 2005 年 6 月的 5.98 元上涨至 205.17 元（价格采用了后复权方式，进行了股价复权），涨幅超过 33 倍。如果耐心持股，这是不是一个暴富的机会呢？当然，这种股票也存在很大的运气成分，但不管怎么运气，只有具备耐心，才可能坚持下去；否则，再牛的股票也会被卖掉。

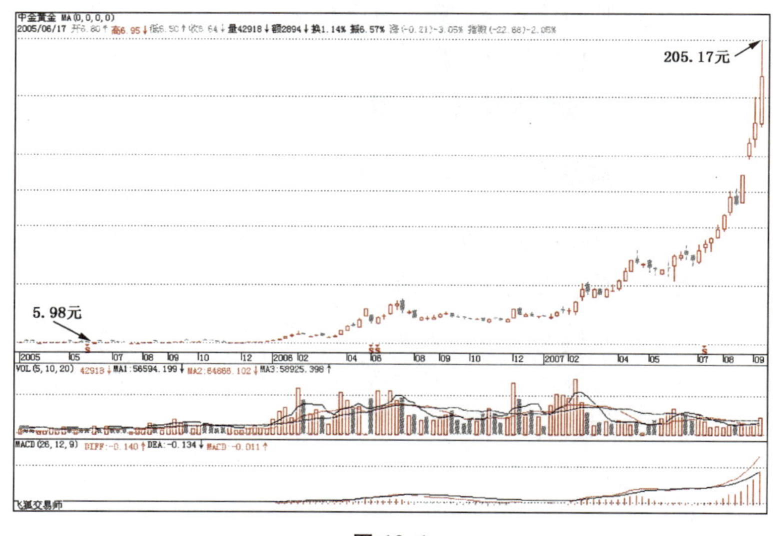

图 12.1

《耐心的力量》一书的作者 M. J. 瑞安说:"耐心是可以培养的,就像肌肉可以锻炼一样。"对于培养耐心的方法,笔者曾在《黄金游戏(一)——从 A 股获利》中提出过学禅的建议。这里,笔者再从杂志上摘录一些小训练方法以供读者参考:

1. 10 分钟法

没有耐心的原因常常是因为,我们从没做到过满足我们自己的需求。每天早晨抽出 10 分钟,好好想一想,确定哪些是最优先的需求。

2. 小石头疗法

兜里放一块小石头,当你失去耐心,坏脾气就要爆发的时候,把那块小石头从一个兜放到另一个兜里。

3. 心理暗示法

对自己说,你完全有充足的时间来评估某事,然后就会觉得耐心增加了。

4. 吃健康的食品

低血糖确实会使你的脾气变坏。增加睡眠、减少咖啡因的摄入是耐心的天然增效剂。

5. 让大家都有耐心

与别人交流,保持耐心的沟通,就会学到更多的增加耐心的诀窍,甚至会在周围产生连锁反应,形成推崇耐心的风气。

在股市交易中,耐心其实来源于另外一种心理暗示,那就是信心。如果投资者对自己的判断和计划充满信心,就不会焦躁,耐心也会更持久。而信心实际上来自于对市场的把握能力,这就需要投资者加强技术方面的学习,使得自我判断能力有效提高。

信心增加耐心,而通过耐心获得成果后又会加强投资者的信心,这是一个良性循环。这个良性循环需要投资者不断地学习,并在实战中不断地总结与提高。

二、出现意外后的反应

市场如人生,总有意想不到的事情发生。有些意外让人兴奋,有些意外让人气恼。但实际上,无论是兴奋还是气恼,都要保持头脑的冷静,因为这是做出正确应对措施的前提。

在投机操作过程中，有些“意外”是我们预料之中的，针对这类预料中的“意外”，一般早有应对措施；有些意外是我们预料之外的，针对这类预料之外的意外，投资者就需要在短时间内做出新的判断和决策。

无论是预料中的“意外”，还是预料之外的意外，都需要投资者做出迅速的反应。针对前者，快速反应是执行之前制定应对意外的操作预案。从实战意义上说，只要执行了预案，计划就是成功的，策略也是正确的。即使出现新的意外，这种执行也同样正确，因为这是操作纪律。针对后者，快速反应是针对完全没有预知的意外做出判断和操作，这种判断和操作主要依据投资者个人的技术能力和操作经验。或许这种反应会导致错误，但反应是必需的。因为，投资者只有不断实战，才能磨砺出真正的实战反应能力。

小　结

策略是战略的一部分，战略筹谋的是方向，策略是具体的实施方案，从某种意义上说，策略就是一种计划。“凡事预则立，不预则废”，一般来说，计划是指，人们为了实现某种目的而对未来的行动所做的设想和部署。

2. 投资者在买入前要制定好操作策略，就是要在买入前做好计划，即此项买入是短线操作、中线操作，还是长线操作。只有首先确认操作的周期，才能制定相应的策略，才能以相应的技术去应对。

投资者制定投资策略，务必具备三点：

(1)预见性。既然是策略，就要在策略实施之前对市场运行的情况，以及股票可能运行的趋势，做出相应有预见性的判断。

(2)针对性。针对性即针对实际状况做出符合市场和相应个股的策略。

(3)约束性。策略一旦确认，就不应该随便更改，决不能出现短线变中线、中线变长线、长线变永久股东的情形。

4. 投资者针对有可能出现的意外制定应对措施，主要目的有两个：(1)避免资金停滞，降低资金利用率；(2)避免被套而失掉本金。

5. 意外应对措施主要包括两个方面:(1)判断出现意外时的再评估系统;(2)市场或股票走坏时的止损系统。

6. 买入前的耐心,在于择股耐心和择机耐心;买入后的耐心,在于只要没有出乎当时的判断和计划,就应该给予市场足够的耐心。这么做的意义在于,在不出现意外的情况下,给正确提供了最大限度的实现余地。

7. 信心增加耐心,而通过耐心获得成果后又会加强投资者的信心,这是一个良性循环。这个良性循环需要投资者不断地学习,并在实战中不断地总结与提高。

8. 在投机操作过程中,有些“意外”是我们预料之中的,针对这类预料中的“意外”,一般早有应对措施;有些意外是我们预料之外的,针对这类预料之外的意外,投资者就需要在短时间内做出新的判断和决策。

结 语

股市就是一个投机市场，中国股市也不例外。A 股开市以来，基本维持了“一赢、两平、七亏”的规律，这个规律一直没能被打破。进入这个市场的投资者，都希望自己能成为那 10%的市场赢家。但是，投资股票市场，成为赢家的难度远远高于投资实业。在实业运作中，只要肯努力，赢面相对较大，不同的只是规模的大小。但是在股市中，非赢即输，而且肯定是输者多、赢者少。

股市里不可能发生天上掉馅饼的事情，馅饼通常意味着陷阱。在笔者看来，股市同样遵循“天道酬勤”的道理。想成为股市里的赢家，只有一条途径：多学、多练、多思考。在多学、多练、多思考的基础上，逐步建立适合自己的操作系统，找到自己的盈利模式。笔者之所以对“黄金游戏”系列的每一个细节如此认真，就是希望它能给有缘人带去些许帮助与思考。很喜欢厨娘挂在嘴边的一句话：分享本身就是一种快乐。

与《黄金游戏(一)——从 A 股获利》一样，本书同样分为三篇。

第一篇“黄金一二三”，这一部分可以说是笔者在股票类书籍方面的创新，它包含了哲学思考、逻辑推理和模块化判断操作流程等。从某种意义上说，这一篇就是对书名“交易靠自己”的诠释。如果读者能够将这一篇内容思考清晰，就能够更深层次地理解资本市场，对于长远判断和实战操作当然也就会具有很强的实战意义。

第二篇"底部买入方法",是与投资者分享笔者在投资过程中的底部买入实战精华。在笔者看来,投资者把握买入时机,不但可以降低成本,还可以降低风险。其中的第四章和第五章主要是技术方面的研究,第六章～第八章主要是实战方面的研究。

第三篇"波段买入方法",是笔者针对在上升期趋势中如何进行波段操作而述。其中,第九章的内容为在波段操作中如何研判大盘,第十章～第十二章主要是对波段操作中的买卖方法进行论述。

"黄金游戏"系列共有五本,当前只出版到第三本。这三本书虽然呈现了大量技术和思想内容,但对于整个操盘体系来说,还有不少内容需要表述。待后面两本出版后,相信呈现在读者面前的是一套完整的股市操盘知识体系,笔者希望借此"黄金游戏"系列,与有缘人分享股市投机的经验和快乐。

最后,还是引用厨娘博客里的一段话作为本书的结尾,这也是厨娘对股市乃至生活的理解:"黄金"不单意味着金钱,更象征着智慧。智慧创造财富,财富成就价值。不要试图驾驭自己无法驾驭的"黄金",更不要在"黄金"的追逐里意乱神迷、湮灭成灰。过度的挥霍与转换都是一种毁灭,控制欲望、保持适可而止的平衡,就是"黄金游戏"的根本。

占　豪

2009 年 9 月 29 日凌晨